처음
한자
완전정복

정말 쉽고 재미있게 배우는
처음 한자 완전정복

저 자 김현화, 장현애
발행인 고본화
발 행 반석북스
2022년 7월 20일 초판 1쇄 인쇄
2022년 7월 25일 초판 1쇄 발행
홈페이지 www.bansok.co.kr
이메일 bansok@bansok.co.kr
블로그 blog.naver.com/bansokbooks

07547 서울시 강서구 양천로 583. B동 1007호
(서울시 강서구 염창동 240-21번지 우림블루나인 비즈니스센터 B동 1007호)
대표전화 02) 2093-3399 **팩 스** 02) 2093-3393
출 판 부 02) 2093-3395 **영업부** 02) 2093-3396
등록번호 제315-2008-000033호

ISBN 978-89-7172-959-5 (63700)

처음
한자
완전정복

한 자어는 한국어 어휘의 70% 이상을 차지할 정도로 일상에서 빈번하게 사용되고 있으며, 보통 두 글자 이상으로 구성됩니다. 따라서 초등학생의 한자 조기 학습은 효율적 독서와 어휘력 향상에 많은 도움을 줍니다.

한자는 뜻을 가진 형태와 형태가 결합되어 만들어진 글자라 할 수 있습니다. 그래서 일정한 수 이상의 한자를 익히게 되면 자연스럽게 무수히 많은 글자를 알 수 있으며, 새로운 글자를 만나더라도 기존에 알고 있던 글자들에 기초하여 연상할 수 있고, 그 뜻을 이해할 수도 있습니다.

하지만, 한자는 상형문자에서 유래되어 한글처럼 일정한 규칙이 정해져 있지 않아, 학습을 위해서는 많은 시간과 노력이 필요합니다.

이 책은 입문자들이 한자를 쉽고 재미있게 학습하면서 이해력을 높이기 위하여 친근하게 연상될 수 있는 그림을 넣었고, 단계별로 한자 퀴즈를 풀면서 자기 스스로 학습 목표에 도달할 수 있도록 구성하였습니다.

한자를 익히고자 하는 입문자에게 한자 학습에 대한 흥미를 만들어내고 한자에 대한 자신감을 갖게 되길 바랍니다. 또한, 어려운 한자를 연상 그림과 함께 쉽고 재미있게 느껴지며, 학습능력이 효과적으로 향상되었으면 합니다.

지은이

※ 단어 풀이는 국립국어원 표준국어대사전의 도움을 받았음.

목차

이 책의 특징

주제별 분류

한국어문회에서 주관하는 한자
능력검정시험 8급, 7급Ⅱ, 7급에
배정된 한자 150개를 주제별로
분류하였습니다.

그림

한자의 훈(뜻)에 해당하는 그림을
넣어 쉽게 이해하고 연상할 수 있
게 했습니다.

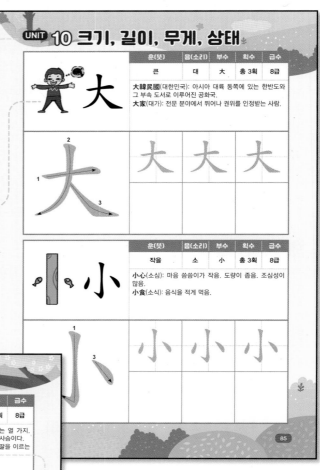

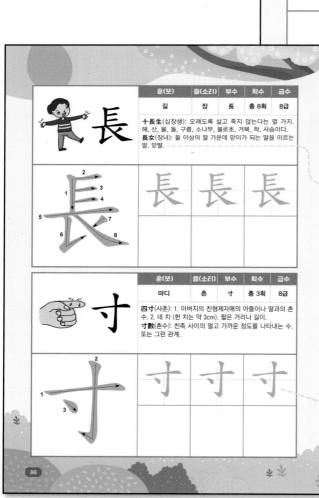

한자 정보 및 예시 단어

한국어문회에서 제시한 것을 기준
으로 한자의 훈(뜻), 음(소리), 부
수. 획수 그리고 해당 한자가 배정
된 시험 급수를 표시하였습니다.
한자의 쓰임을 이해하고, 어휘력
향상에 도움이 되도록 예시 단어
(한자어)를 제시하였습니다.

따라쓰기

획순에 맞추어서 한자를 따라 쓰
고, 스스로 써 보는 연습을 할 수
있습니다

그림을 활용한 문제로 앞에서 배운 한자를 쉽고, 재미있게 복습할 수 있습니다.

한자의 훈(뜻)과 음(소리)을 모두 쓰는 문제와 문장 안에 사용된 한자어의 일부를 직접 한자로 쓰는 문제를 통해 한자 실력을 탄탄히 다질 수 있습니다.

다양한 부록과 정답

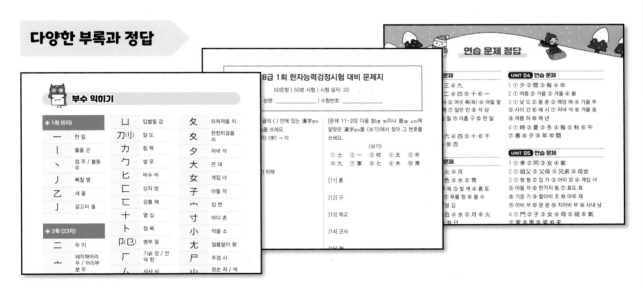

- '부수, 상대 또는 반대되는 한자, 뜻이 비슷한 한자, 음이 둘 이상인 한자, 두음 법칙의 적용을 받는 한자, 급수별 신습 한자'를 순서대로 수록하여 한자에 대한 추가적인 정보를 제공하고, 다양한 각도로 한자를 공부할 수 있게 했습니다.
- 한국어문회에서 주관하는 한자능력검정시험 8급, 7급 II, 7급에 대비할 수 있는 예상 문제를 급수 별로 3회씩 수록하였습니다.
- 문제에 대한 정답을 수록하였습니다.

1. 한자 자격 급수 시험

– 한국어문회 주관 한자능력검정 시험의 경우 공인자격(특급~3급Ⅱ)과 비공인자격(4급~8급)으로 구분된다. 본 교재에서는 비공인자격에 해당하는 급수 중 8급, 7급Ⅱ, 7급 한자 150자를 공부하며 어휘력 향상을 통한 교과 학습 능력, 이해력 및 논리적 사고력 증진을 목표로 한다.

구분		8급	7급Ⅱ	7급	6급Ⅱ	6급	5급Ⅱ	5급	4급Ⅱ	4급
배정한자	신규	50	50	50	75	75	100	100	250	250
	누적	50	100	150	225	300	400	500	750	1,000

– 시험 시간은 50분이고, 응시료는 20,000원이다. 급수별로 연 4회 실시하며, 매년 시행 기관 홈페이지에서 접수기간 및 방법을 안내한다. (www.hanja.re.kr)

2. 한자의 필순

'한자의 필순(筆順)'이란 한자를 쓸 때의 순서를 말한다. 오랫동안 한자 쓰기가 지속되어 온 결과, 가장 편하게 쓰고, 빨리 쓰며 조화롭게 쓸 수 있는 순서를 규범으로 만든 것이다. 부수자를 중심으로 상용 한자의 필순은 익혀두어야 한다.

한자의 필순은 '위에서 아래로'와 '왼쪽에서 오른쪽으로'라는 것이 대원칙이지만, 이외에도 다음과 같은 몇 개의 일반적인 원칙을 이끌어 낼 수 있다.

① 위에서 아래로 쓴다. ▶ 一 二 三

② 왼쪽에서 오른쪽으로 쓴다. ▶ 丿 丿丨 川

③ 좌와 우가 대칭일 때 가운데를 먼저 쓴다. ▶ 亅 기 水 水

④ 가로와 세로획이 겹칠 때 가로획을 먼저 쓴다. ▶ 一 十

⑤ 가운데를 꿰뚫는 글자는 가장 나중에 쓴다. ▶ 丶 口 口 中

⑥ 허리를 긋는 획은 나중에 쓴다. ▶ 乚 ⺅ 毋 毋 母

⑦ 아래로 에운 획은 나중에 쓴다. ▶ 一 七

⑧ 받침은 나중에 쓴다. ▶ 丶 丷 丷 并 并 首 首 首 道 道

⑨ 위에서 아래로 싼 획은 먼저 쓴다. ▶ 丁 力

⑩ 몸과 안이 있을 때 몸 쪽을 먼저 쓴다. ▶ 丿 刀 刀 月

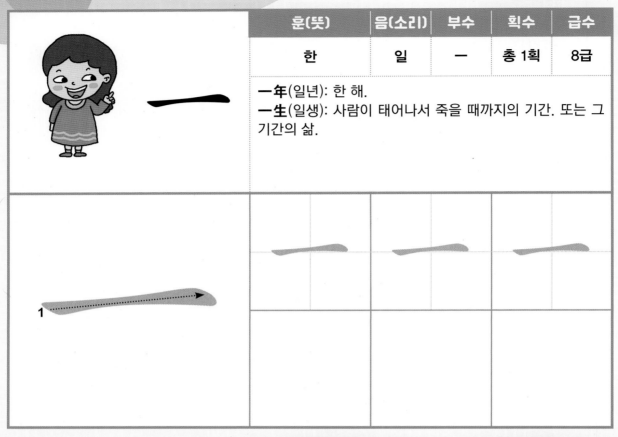

훈(뜻)	음(소리)	부수	획수	급수
한	일	一	총 1획	8급

一年(일년): 한 해.
一生(일생): 사람이 태어나서 죽을 때까지의 기간. 또는 그 기간의 삶.

훈(뜻)	음(소리)	부수	획수	급수
두	이	二	총 2획	8급

二月(이월): 한 해 열두 달 가운데 둘째 달.
二八靑春(이팔청춘): 16세 무렵의 꽃다운 청춘. 또는 혈기 왕성한 젊은 시절.

	훈(뜻)	음(소리)	부수	획수	급수
	석	삼	一	총 3획	8급

三代(삼대): 아버지, 아들, 손자의 세 대.
三寸(삼촌): 아버지의 형제(특히 결혼하지 않은 남자형제)를 이르거나 부르는 말.

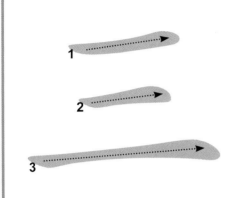

	훈(뜻)	음(소리)	부수	획수	급수
	넉	사	口	총 5획	8급

四大門(사대문): 조선 시대에 서울에 있던 네 대문. 흥인지문, 돈의문, 숭례문, 숙정문을 이른다.
四方(사방): 동, 서, 남, 북 네 방위를 통틀어 이르는 말.

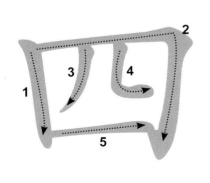

	훈(뜻)	음(소리)	부수	획수	급수
	다섯	오	二	총 4획	8급

五十(오십): 십의 다섯 배가 되는 수. 쉰을 나타내는 말.

三三五五(삼삼오오): 서너 사람 또는 대여섯 사람이 떼를 지어 다니거나 무슨 일을 함.

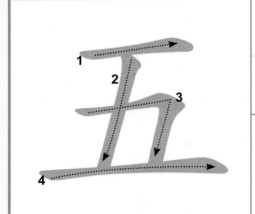

五	五	五

	훈(뜻)	음(소리)	부수	획수	급수
	여섯	륙	八	총 4획	8급

六月(유월): 한 해 열두 달 가운데 여섯째 달.

▶六(여섯 육)이 六月로 활용될 때는 '유월'로 읽습니다.

六學年(육학년): 초등학교에서 가장 높은 학년.

▶六(여섯 육)이 단어의 첫머리에 올 때는 '육'으로 읽습니다.

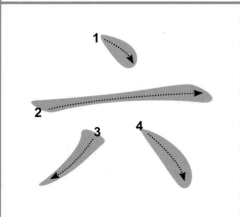

六	六	六

훈(뜻)	음(소리)	부수	획수	급수
일곱	칠	一	총 2획	8급

七日(칠일): 한 달의 일곱째 날.
七十(칠십): 십의 일곱 배가 되는 수. 일흔을 나타내는 말.

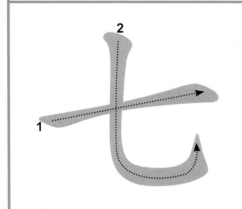

훈(뜻)	음(소리)	부수	획수	급수
여덟	팔	八	총 2획	8급

八道江山(팔도강산): 우리나라 전체의 강산을 이르는 말.
七八月(칠팔월): 칠월과 팔월. 또는 칠월이나 팔월.

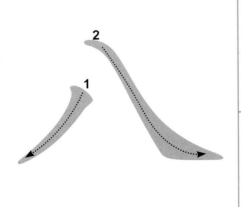

훈(뜻)	음(소리)	부수	획수	급수
아홉	구	乙	총 2획	8급

九十(구십): 십의 아홉 배가 되는 수. 아흔을 나타내는 말.
十中八九(십중팔구): 열 가운데 여덟이나 아홉 정도로 거의 대부분.

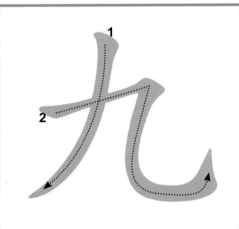

훈(뜻)	음(소리)	부수	획수	급수
열	십	十	총 2획	8급

十月(시월): 한 해 열두 달 가운데 열째 달.
▶ 十(열 십)이 十月로 활용될 때는 '시월'로 읽습니다.

十二月(십이월): 한 해 열두 달 가운데 맨 끝 달.

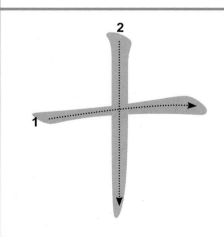

훈(뜻)	음(소리)	부수	획수	급수
일백	백	白	총 6획	7급

百日(백일): 아이가 태어난 날로부터 백 번째 되는 날.
百姓(백성): 나라의 근본을 이루는 일반 국민을 예스럽게 이르는 말.

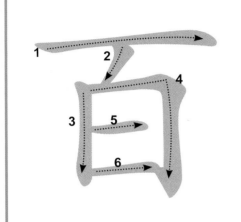

百	百	百

훈(뜻)	음(소리)	부수	획수	급수
일천	천	十	총 3획	7급

千字文(천자문): 중국 양나라 주흥사가 지은 책. 모두 1,000자로 되어 있다.
千里(천리): 백 리의 열 곱절이라는 뜻으로, 매우 먼 거리를 이르는 말.

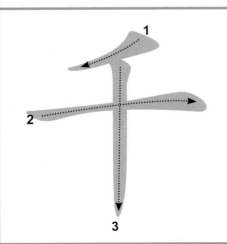

千	千	千

훈(뜻)	음(소리)	부수	획수	급수
일만	만	⺿(艸)	총 13획	8급

萬人(만인): 모든 사람.
萬物(만물): 세상에 있는 모든 것.

萬 萬 萬

UNIT 01 연습 문제

1 다음 그림에 어울리는 漢字(한자)를 〈보기〉에서 찾아 필순에 맞게 쓰세요.

보기 八 三 萬 六 九 十

2 다음 그림에 맞게 덧셈을 한 후 정답에 해당하는 漢字(한자)를 필순에 맞게 쓰세요.

3 다음 漢字(한자)의 訓(훈: 뜻)과 音(음: 소리)을 쓰세요.

보기 字 ⇨ 글자 자

① 二

⑧ 三

② 四

⑨ 五

③ 六

⑩ 七

④ 八

⑪ 九

⑤ 十

⑫ 一

⑥ 百

⑬ 千

⑦ 萬

4 다음 밑줄 친 말에 해당하는 漢字(한자)를 필순에 맞게 쓰세요.

① 여학생들이 삼삼**오**오 모여 이야기하고 있습니다.

② 팔십에 십을 빼면 **칠**십이 됩니다.

③ 우리 오빠는 초등학교 **육**학년입니다.

④ 교회 종소리가 **사**방으로 울려 퍼집니다.

⑤ **시**월 구일은 한글날입니다.

⑥ 방과 후 수업시간에 **천**자문을 배웁니다.

⑦ 우리 집은 **삼**대가 함께 살고 있습니다.

⑧ 음력 **팔**월 십오일은 한가위입니다.

⑨ 그는 고기잡이를 **일**생의 업으로 삼고 살아왔습니다.

⑩ 오늘 막냇동생 **백**일 잔치를 합니다.

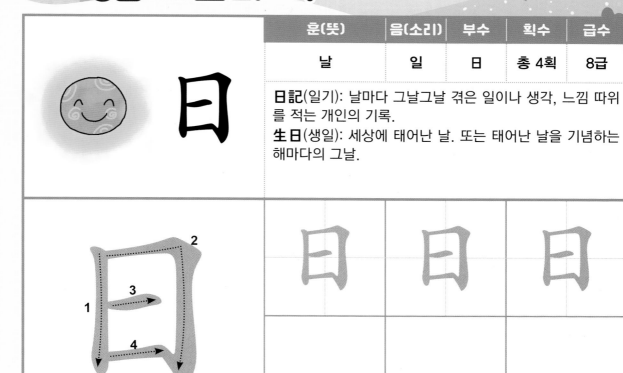

	훈(뜻)	음(소리)	부수	획수	급수
	날	일	日	총 4획	8급

日記(일기): 날마다 그날그날 겪은 일이나 생각, 느낌 따위를 적는 개인의 기록.

生日(생일): 세상에 태어난 날. 또는 태어난 날을 기념하는 해마다의 그날.

	훈(뜻)	음(소리)	부수	획수	급수
	달	월	月	총 4획	8급

生年月日(생년월일): 태어난 해와 달과 날.

月中(월중): 그달 동안.

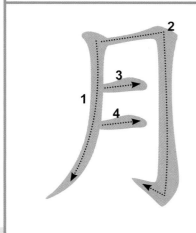

훈(뜻)	음(소리)	부수	획수	급수
불	화	火	총 4획	8급

火力(화력): 불이 탈 때에 내는 열의 힘.
火山(화산): 땅속에 있는 가스, 마그마 따위가 지각의 터진 틈을 통하여 지표로 분출하는 지점.

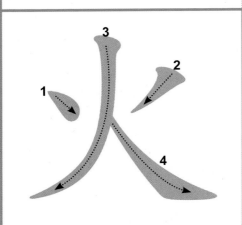

火	火	火

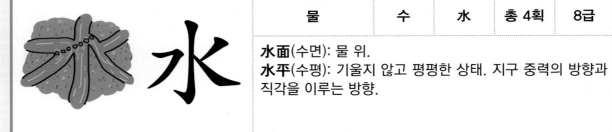

훈(뜻)	음(소리)	부수	획수	급수
물	수	水	총 4획	8급

水面(수면): 물 위.
水平(수평): 기울지 않고 평평한 상태. 지구 중력의 방향과 직각을 이루는 방향.

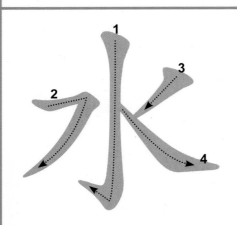

水	水	水

훈(뜻)	음(소리)	부수	획수	급수
나무	목	木	총 4획	8급

木手(목수): 나무를 다루어 집을 짓거나 가구, 기구 따위를 만드는 일을 직업으로 하는 사람.
山川草木(산천초목): 산과 물과 나무와 풀이라는 뜻으로, 자연을 일컫는 말.

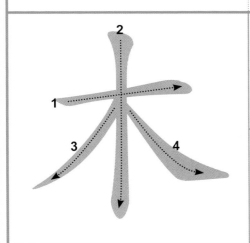

木　木　木

훈(뜻)	음(소리)	부수	획수	급수
쇠/성	금/김	金	총 8획	8급

入金(입금): 돈을 들여놓거나 넣어 줌. 또는 그 돈.
金九(김구): 독립운동가 · 정치가(1876~1949). 호는 백범.

▶金이 '쇠'의 뜻일 때는 '금'으로,
'성'의 뜻일 때는 '김'으로 읽습니다.

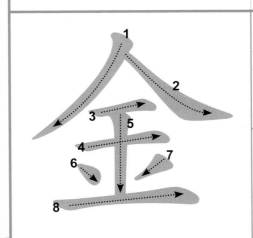

金　金　金

훈(뜻)	음(소리)	부수	획수	급수
흙	토	土	총 3획	8급

國土(국토): 나라의 땅.
土木(토목): 흙과 나무를 아울러 이르는 말.

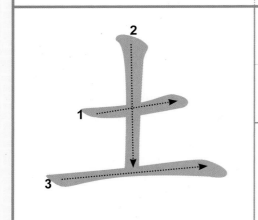

土	土	土

훈(뜻)	음(소리)	부수	획수	급수
빛	색	色	총 6획	7급

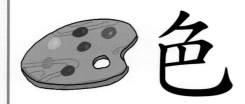

色紙(색지): 여러 가지 색깔로 물들인 종이.
氣色(기색): 마음의 작용으로 얼굴에 드러나는 빛.

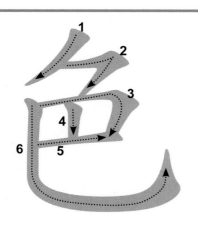

色	色	色

훈(뜻)	음(소리)	부수	획수	급수
푸를	청	靑	총 8획	8급

靑山(청산): 풀과 나무가 무성한 푸른 산.
靑軍(청군): 운동 경기 따위에서, 빛깔에 따라 편을 여럿으로 갈랐을 때, 푸른 쪽의 편.

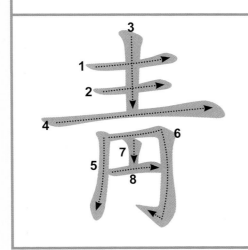

靑	靑	靑

훈(뜻)	음(소리)	부수	획수	급수
흰	백	白	총 5획	8급

白色(백색): 눈이나 우유의 빛깔과 같이 밝고 선명한 색. 흰색.
小白山(소백산): 충청북도 단양군과 경상북도 봉화군에 걸쳐 있는 산.

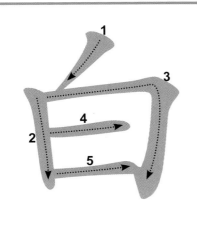

白	白	白

1 다음 그림에 어울리는 漢字(한자)를 〈보기〉에서 찾아 필순에 맞게 쓰세요.

보기 土 色 水 金 火 月

2 동물 친구들이 들고 있는 訓(훈: 뜻)이나 音(음: 소리)에 알맞은 漢字(한자)를 찾아 연결하세요.

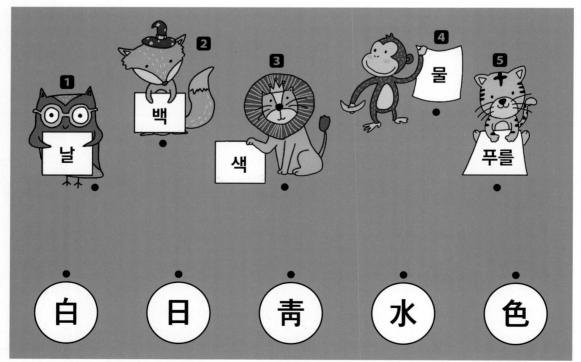

3 다음 漢字(한자)의 訓(훈: 뜻)과 音(음: 소리)을 쓰세요.

보기 字 ⇨ 글자 자

❶ 月

❷ 木

❸ 色

❹ 土

❺ 日

❻ 白

❼ 靑

❽ 水

❾ 火

❿ 金

4 다음 밑줄 친 말에 해당하는 漢字(한자)를 필순에 맞게 쓰세요.

❶ 백범 **김**구 선생은 우리나라의 독립을 위해 애쓰셨습니다.

❷ 여름방학에 아빠와 국**토**대장정에 참여하기로 했습니다.

❸ 주말에 가족들과 함께 소**백**산에 가기로 했습니다.

❹ 돌고래가 **수**면 위로 올라오는 이유는 뭘까요?

❺ 이곳에 생년**월**일을 적어주세요.

❻ **화**산에서 용암이 솟구쳐 올랐습니다.

❼ 운동회 때 우리 반은 **청**군이 되었습니다.

❽ 우리 할아버지 직업은 **목**수입니다.

❾ 다음 미술시간에는 **색**지, 가위, 풀을 준비하세요.

❿ 나는 매일 **일**기를 씁니다.

훈(뜻)	음(소리)	부수	획수	급수
스스로	자	自	총 6획	7급Ⅱ

自動(자동): 기계나 설비 따위가 스스로 작동함.
自立(자립): 남에게 예속되거나 의지하지 아니하고 스스로 섬.

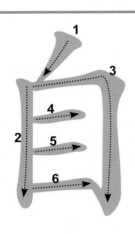

自	自	自

훈(뜻)	음(소리)	부수	획수	급수
그럴	연	灬(火)	총 12획	7급

自然(자연): 사람의 힘이 더해지지 아니하고 세상에 스스로 존재하거나 우주에 저절로 이루어지는 모든 존재나 상태.
天然(천연): 사람의 힘을 가하지 아니한 상태.

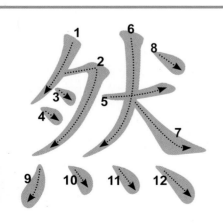

然	然	然

훈(뜻)	음(소리)	부수	획수	급수
하늘	천	大	총 4획	7급

天地(천지): 하늘과 땅을 아울러 이르는 말.
天下(천하): 하늘 아래 온 세상.

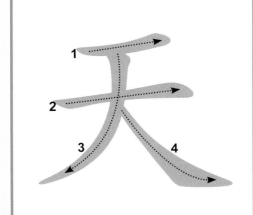

	天	天	天

훈(뜻)	음(소리)	부수	획수	급수
땅	지	土	총 6획	7급

地名(지명): 마을이나 지방, 산천, 지역 따위의 이름.
所有地(소유지): 자기 것으로 가지고 있는 땅.

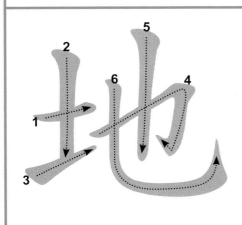

	地	地	地

	훈(뜻)	음(소리)	부수	획수	급수
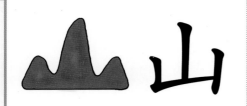	메	산	山	총 3획	8급

山林(산림): 산과 숲, 또는 산에 있는 숲.
名山(명산): 이름난 산.

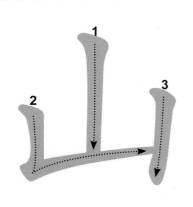

	훈(뜻)	음(소리)	부수	획수	급수
	수풀	림	木	총 8획	7급

國有林(국유림): 나라에서 소유하고 관리하는 산림.
林業(임업): 임산물에서 얻는 경제적 이득을 위해 산림을 경영하는 사업.

▶林이 단어의 첫머리에 올 때는 '임'으로 읽습니다.

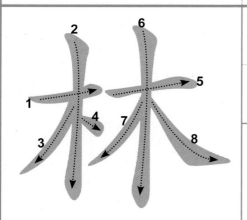

	훈(뜻)	음(소리)	부수	획수	급수
	강	강	氵(水)	총 6획	7급Ⅱ

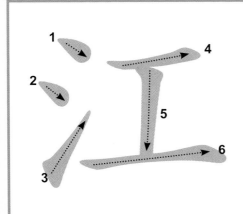

漢江(한강): 우리나라 중부를 흐르는 강.
江南(강남): 강의 남쪽 지역.

江 江 江

	훈(뜻)	음(소리)	부수	획수	급수
	내	천	巛(川)	총 3획	7급

山川(산천): 산과 내를 아울러 이르는 말.
春川(춘천): 강원도 서쪽에 있는 시.

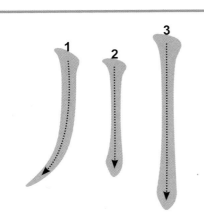

川 川 川

훈(뜻)	음(소리)	부수	획수	급수
바다	해	氵(水)	총 10획	7급Ⅱ

海物(해물): 바다에서 나는 동식물을 통틀어 이르는 말. 해산물.
東海(동해): 동쪽에 있는 바다.

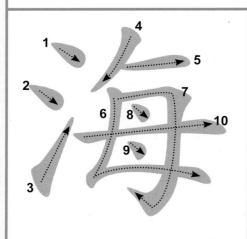

海	海	海

훈(뜻)	음(소리)	부수	획수	급수
번개	전	雨	총 13획	7급Ⅱ

電話(전화): 전화기를 이용하여 서로 이야기함. 또는 전화기 줄임말.
電力(전력): 전류가 단위 시간에 하는 일. 또는 단위 시간에 사용되는 에너지의 양.

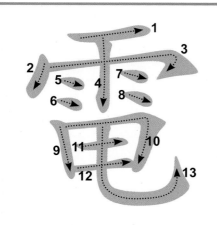

電	電	電

훈(뜻)	음(소리)	부수	획수	급수
꽃	화	⺿(艸)	총 8획	7급

國花(국화): 한 나라를 상징하는 꽃. 우리나라는 무궁화.
花草(화초): 꽃이 피는 풀과 나무 또는 꽃이 없더라도 관상용이 되는 모든 식물.

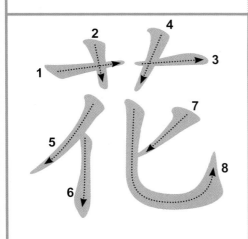

花　花　花

훈(뜻)	음(소리)	부수	획수	급수
풀	초	⺿(艸)	총 10획	7급

草家(초가): 짚이나 갈대 따위로 지붕을 인 집.
草食(초식): 주로 풀이나 푸성귀만 먹고 삶. 또는 그 풀이나 푸성귀.

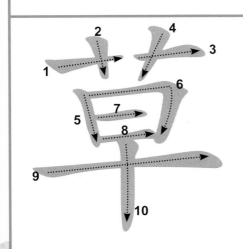

草　草　草

1 다음 그림에 어울리는 漢字(한자)를 〈보기〉에서 찾아 필순에 맞게 쓰세요.

보기 草 林 自 海 電 川

2 다음 그림에 주어진 訓(훈: 뜻)이나 音(음: 소리)에 어울리는 漢字(한자)를 필순에 맞게 쓰세요.

3 다음 漢字(한자)의 訓(훈: 뜻)과 音(음: 소리)을 쓰세요.

> 보기 **字** ⇨ **글자 자**

❶ 海

❷ 然

❸ 地

❹ 林

❺ 花

❻ 天

❼ 川

❽ 草

❾ 江

❿ 電

⓫ 自

⓬ 山

4 다음 밑줄 친 말에 해당하는 漢字(한자)를 필순에 맞게 쓰세요.

❶ 할머니는 **화**초 키우는 것을 좋아하십니다.

❷ 우리나라 100대 명**산**에 오르는 일이 올해 목표입니다.

❸ 오늘은 **초**식동물에 대해 알아보겠습니다.

❹ 여름방학에 가족들과 동**해**로 여행을 가려고 합니다.

❺ 여름이 되면 **전**력 소비량이 증가합니다.

❻ 새하얀 눈이 **천**지를 뒤덮었습니다.

❼ 우리나라 각 **지**명의 유래를 찾는 것이 방학 숙제입니다.

❽ 한**강**에 가서 유람선을 탔습니다.

❾ 이 음식점은 천**연**조미료를 사용해서 요리를 합니다.

❿ 휴대폰요금을 **자**동이체하면 할인해줍니다.

훈(뜻)	음(소리)	부수	획수	급수
봄	춘	日	총 9획	7급

春秋(춘추): 1. 봄과 가을을 아울러 이르는 말. 2. 어른의 나이를 높여 이르는 말.
靑春(청춘): 십 대 후반에서 이십 대에 걸치는 인생의 젊은 나이 또는 그런 시절.

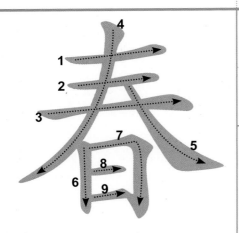

春　春　春

훈(뜻)	음(소리)	부수	획수	급수
여름	하	夂	총 10획	7급

立夏(입하): 24절기의 하나. 이때부터 여름이 시작된다고 한다.
夏冬(하동): 여름과 겨울을 아울러 이르는 말.

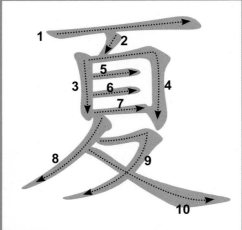

夏　夏　夏

훈(뜻)	음(소리)	부수	획수	급수
가을	추	禾	총 9획	7급

秋夕(추석): 우리나라 명절의 하나. 음력 팔월 보름날이다.
立秋(입추): 24절기의 하나. 이때부터 가을이 시작된다고 한다.

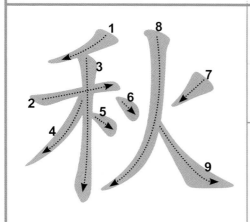

秋　秋　秋

훈(뜻)	음(소리)	부수	획수	급수
겨울	동	冫	총 5획	7급

立冬(입동): 24절기의 하나. 이때부터 겨울이 시작된다고 한다.
春夏秋冬(춘하추동): 봄 · 여름 · 가을 · 겨울의 네 계절.

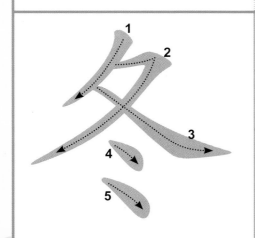

冬　冬　冬

훈(뜻)	음(소리)	부수	획수	급수
매양	매	母	총 7획	7급Ⅱ

每日(매일): 각각의 개별적인 나날.
每事(매사): 하나하나의 모든 일.

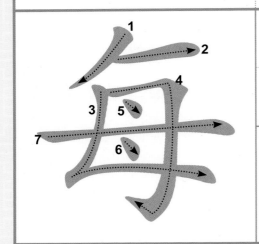

훈(뜻)	음(소리)	부수	획수	급수
해	년	干	총 6획	8급

每年(매년): 한 해 한 해. 해마다.
年下(연하): 나이가 적음. 또는 그런 사람.
▶年(해 년)이 단어의 첫머리에 올 때는 '연'으로 읽습니다.

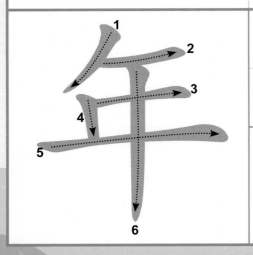

훈(뜻)	음(소리)	부수	획수	급수
낮	오	十	총 4획	7급II

午前(오전): 자정부터 낮 열두 시까지의 시간.
午後(오후): 낮 열두 시부터 밤 열두 시까지의 시간.

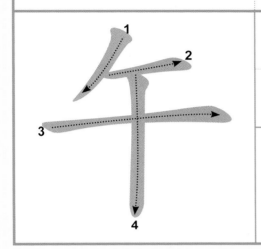

午	午	午

훈(뜻)	음(소리)	부수	획수	급수
저녁	석	夕	총 3획	7급

七夕(칠석): 음력으로 칠월 초이렛날의 밤. 견우와 직녀가 오작교에서 일 년에 한번 만난다는 전설이 있다.
夕食(석식): 저녁에 끼니로 먹는 밥. 저녁밥.

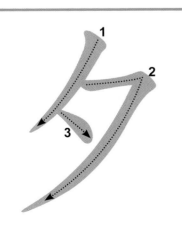

夕	夕	夕

훈(뜻)	음(소리)	부수	획수	급수
때	시	日	총 10획	7급Ⅱ

時間(시간): 어떤 시각에서 어떤 시각까지의 사이.
同時(동시): 같은 때나 시기.

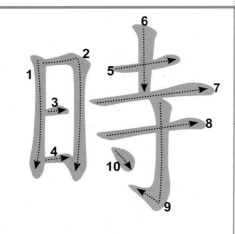

時	時	時

훈(뜻)	음(소리)	부수	획수	급수
사이	간	門	총 12획	7급Ⅱ

空間(공간): 아무것도 없는 빈 곳.
間食(간식): 끼니와 끼니 사이에 음식을 먹음. 또는 그 음식.

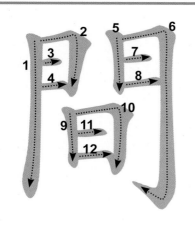

間	間	間

UNIT 04 연습 문제

1 다음 그림에 어울리는 漢字(한자)를 〈보기〉에서 찾아 필순에 맞게 쓰세요.

보기 　午 夕 間 年 每 時

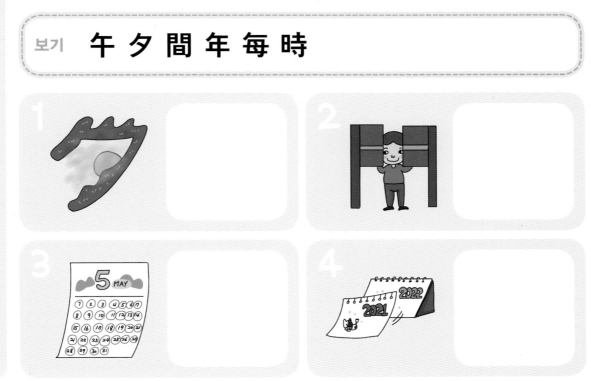

2 밑줄 친 漢字(한자)와 관련된 계절을 찾아 연결하세요.

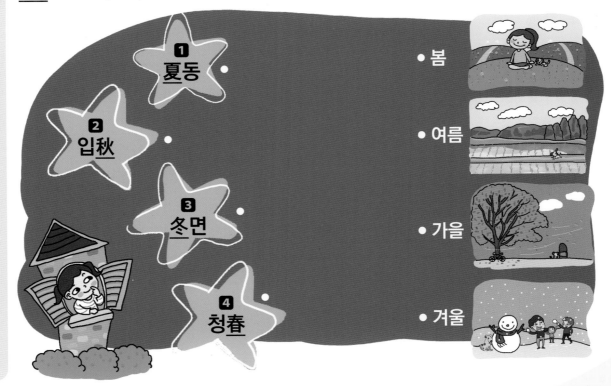

❶ 夏동

❷ 입秋

❸ 冬면

❹ 청春

● 봄

● 여름

● 가을

● 겨울

3 다음 漢字(한자)의 訓(훈: 뜻)과 音(음: 소리)을 쓰세요.

> 보기   字 ➡ 글자 자

❶ 午   ❻ 時

❷ 春   ❼ 夕

❸ 每   ❽ 冬

❹ 秋   ❾ 夏

❺ 間   ❿ 年

4 다음 밑줄 친 말에 해당하는 漢字(한자)를 필순에 맞게 쓰세요.

❶ 약속 **시**간을 지켜야 합니다.

❷ 오늘은 여름이 시작된다는 입**하**입니다.

❸ 입**동**이라는 단어만 들어도 겨울이 성큼 다가온 것 같아요.

❹ 담임 선생님은 **매**사에 빈틈이 없습니다.

❺ 우리 가족은 **추**석을 쇠러 할아버지 댁으로 갑니다.

❻ 내일 **오**전10시에 친구들과 영화 보러 가기로 했습니다.

❼ 어른의 나이를 높여 **춘**추라 합니다.

❽ 견우와 직녀는 칠월 칠**석**이 되어야만 만날 수 있다.

❾ 지구의 기온이 매**년** 조금씩 상승하고 있습니다.

❿ **간**식으로 케익과 과일을 먹었습니다.

	훈(뜻)	음(소리)	부수	획수	급수
 家	집	가	宀	총 10획	7급Ⅱ

家長(가장): 한 가정을 이끌어 나가는 사람.
家事(가사): 살림살이에 관한 일.

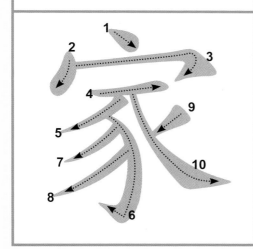 家 家 家

	훈(뜻)	음(소리)	부수	획수	급수
門門	문	문	門	총 8획	8급

大門(대문): 큰 문. 주로, 한 집의 주가 되는 출입문.
家門(가문): 가족 또는 가까운 일가로 이루어진 공동체. 또는 그 사회적 지위.

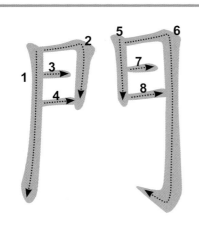 門 門 門

	훈(뜻)	음(소리)	부수	획수	급수
	아비	부	父	총 4획	8급

父母(부모): 아버지와 어머니를 아울러 이르는 말.
祖父(조부): 부모의 아버지를 이르는 말. 할아버지.

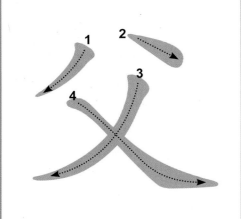

父	父	父

	훈(뜻)	음(소리)	부수	획수	급수
	어미	모	母	총 5획	8급

母女(모녀): 어머니와 딸을 아울러 이르는 말.
母校(모교): 자기가 다니거나 졸업한 학교.

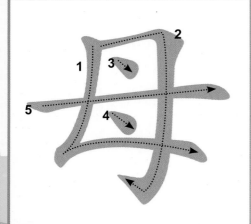

母	母	母

훈(뜻)	음(소리)	부수	획수	급수
형	형	儿	총 5획	8급

兄夫(형부): 언니의 남편을 이르거나 부르는 말.
兄弟(형제): 형과 아우를 아울러 이르는 말.

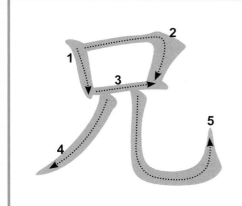

훈(뜻)	음(소리)	부수	획수	급수
아우	제	弓	총 7획	8급

弟子(제자): 스승으로부터 가르침을 받거나 받은 사람.
弟夫(제부): 언니가 여동생의 남편을 이르거나 부르는 말.

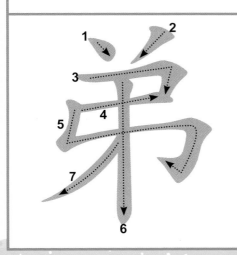

훈(뜻)	음(소리)	부수	획수	급수
할아비	조	示	총 10획	7급

祖上(조상): 돌아간 어버이 위로 대대의 어른.
祖國(조국): 조상 때부터 대대로 살던 나라.

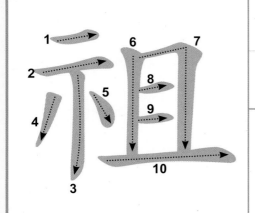

祖　祖　祖

훈(뜻)	음(소리)	부수	획수	급수
지아비	부	大	총 4획	7급

夫人(부인): 남의 아내를 높여 이르는 말.
農夫(농부): 농사짓는 일을 직업으로 하는 사람.

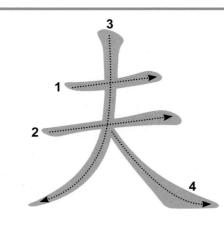

夫　夫　夫

훈(뜻)	음(소리)	부수	획수	급수
효도	효	子	총 7획	7급Ⅱ

孝心(효심): 효성스러운 마음.
不孝(불효): 어버이를 효성스럽게 잘 섬기지 아니하여 자식 된 도리를 하지 못함.

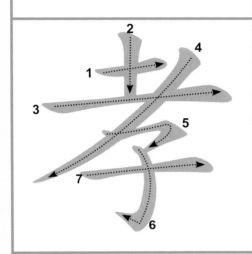

孝 孝 孝

훈(뜻)	음(소리)	부수	획수	급수
아들	자	子	총 3획	7급Ⅱ

子女(자녀): 아들과 딸을 아울러 이르는 말.
子正(자정): 자시의 한가운데. 밤 열두 시를 이른다.

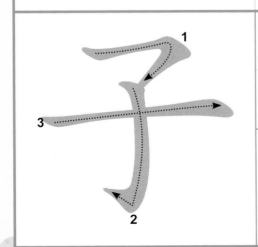

子 子 子

훈(뜻)	음(소리)	부수	획수	급수
계집	녀	女	총 3획	8급

少女(소녀): 아직 완전히 성숙하지 아니한 어린 여자아이.
女人(여인): 어른이 된 여자.

▶女가 단어의 첫머리에 올 때는 '여'로 읽습니다.

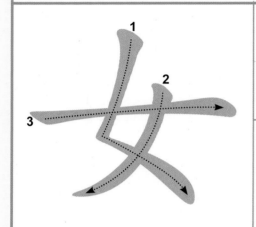

女 女 女

훈(뜻)	음(소리)	부수	획수	급수
사내	남	田	총 7획	7급Ⅱ

男便(남편): 혼인하여 여자의 짝이 된 남자.
男女(남녀): 남자와 여자를 아울러 이르는 말.

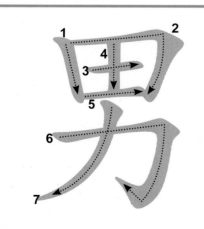

男 男 男

훈(뜻)	음(소리)	부수	획수	급수
한가지	동	口	총 6획	7급

同生(동생): 같은 부모에게서 태어난 사이거나 일가친척 가운데 항렬이 같은 사이에서 손윗사람이 손아랫사람을 이르거나 부르는 말.

同門(동문): 같은 학교에서 수학하였거나 같은 스승에게서 배운 사람.

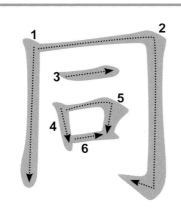

同	同	同

훈(뜻)	음(소리)	부수	획수	급수
기운	기	气	총 10획	7급Ⅱ

人氣(인기): 어떤 대상에 쏠리는 대중의 높은 관심이나 좋아하는 기운.

生氣(생기): 싱싱하고 힘찬 기운.

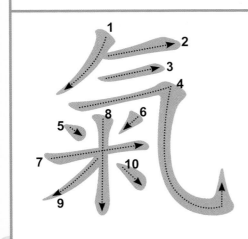

氣	氣	氣

1 다음 그림에 어울리는 漢字(한자)를 〈보기〉에서 찾아 필순에 맞게 쓰세요.

보기　孝 氣 女 門 家 同

2 다음 그림 속의 인물들을 설명하는 漢字語(한자어)로 둘 중 알맞은 것을 고르세요.

3 다음 漢字(한자)의 訓(훈: 뜻)과 音(음: 소리)을 쓰세요.

보기 **字** ⇨ **글자 자**

① 兄

② 家

③ 母

④ 女

⑤ 子

⑥ 同

⑦ 孝

⑧ 氣

⑨ 祖

⑩ 弟

⑪ 父

⑫ 門

⑬ 夫

⑭ 男

4 다음 밑줄 친 말에 해당하는 漢字(한자)를 필순에 맞게 쓰세요.

① 온 식구가 대**문** 밖까지 나와 고모를 배웅했습니다.

② 가구별 평균 **자**녀 수가 점점 줄어들고 있습니다.

③ 그 소**녀**가 어느덧 어엿한 숙녀가 되어 있었습니다.

④ 동창회에서 마련한 장학금을 **모**교에 전달했습니다.

⑤ 우리 집은 **조**상 대대로 이 동네에서 살아왔습니다.

⑥ 그 가수는 음반보다 뮤직비디오로 인**기**를 얻었습니다.

⑦ 아내는 요즘 육아와 **가**사에 전념하고 있습니다.

⑧ 우리 회사는 **남**녀 차별이 없습니다.

⑨ **제**자들은 스승의 말씀을 마음에 새겨 두었습니다.

⑩ 가을이 되자 농**부**들은 가을걷이에 눈코 뜰 새 없이 바빴습니다.

	훈(뜻)	음(소리)	부수	획수	급수
	사람	인	人	총 2획	8급

人生(인생): 사람이 세상을 살아가는 일.
人間(인간): 생각을 하고 언어를 사용하며, 도구를 만들어 쓰고 사회를 이루어 사는 동물.

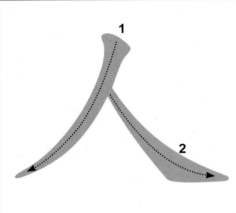

	훈(뜻)	음(소리)	부수	획수	급수
	마음	심	心	총 4획	7급

人心(인심): 사람의 마음.
安心(안심): 모든 걱정을 떨쳐 버리고 마음을 편히 가짐.

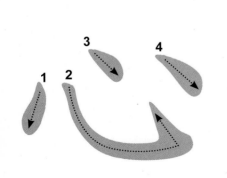

훈(뜻)	음(소리)	부수	획수	급수
낯	면	面	총 9획	7급

場面(장면): 어떤 장소에서 겉으로 드러난 면이나 벌어진 광경.
方面(방면): 1. 어떤 장소나 지역이 있는 방향. 또는 그 일대. 2. 어떤 전문 분야.

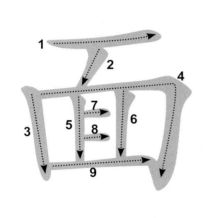

面	面	面

훈(뜻)	음(소리)	부수	획수	급수
입	구	口	총 3획	7급

食口(식구): 한 집에서 함께 살면서 끼니를 같이하는 사람.
人口(인구): 일정한 지역에 사는 사람의 수.

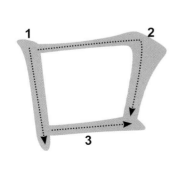

口	口	口

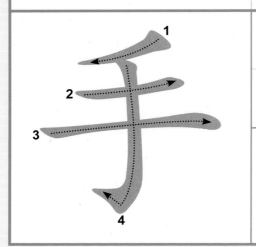

훈(뜻)	음(소리)	부수	획수	급수
손	수	手	총 4획	7급Ⅱ

歌手(가수): 노래 부르는 것이 직업인 사람.
手工(수공): 손으로 하는 비교적 간단한 공예.

手　手　手

훈(뜻)	음(소리)	부수	획수	급수
발	족	足	총 7획	7급Ⅱ

手足(수족): 손과 발을 아울러 이르는 말. 손발.
不足(부족): 충분하지 아니함.

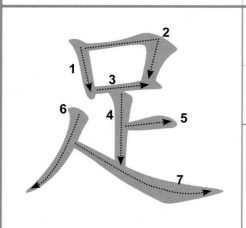

足　足　足

훈(뜻)	음(소리)	부수	획수	급수
늙을	로(노)	老	총 6획	7급

老人(노인): 나이가 들어 늙은 사람.
老母(노모): 늙은 어머니.
▶ 老(늙을 로)가 단어의 첫머리에 올 때는 '노'로 읽습니다.

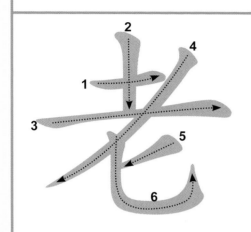

老 老 老

훈(뜻)	음(소리)	부수	획수	급수
적을	소	小	총 4획	7급

老少(노소): 늙은이와 젊은이를 아울러 이르는 말.
少年(소년): 아직 완전히 성숙하지 아니한 어린 사내아이.

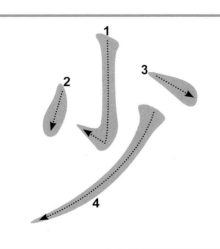

少 少 少

훈(뜻)	음(소리)	부수	획수	급수
힘	력(역)	力	총 2획	7급Ⅱ

力道(역도): 무거운 역기를 들어 올려 그 중량을 겨루는 경기.

▶力(힘 력)이 단어의 첫머리에 올 때는 '역'으로 읽습니다.

人力(인력): 사람의 힘.

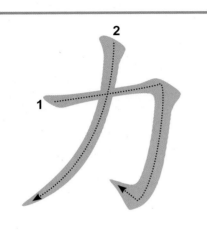

훈(뜻)	음(소리)	부수	획수	급수
목숨	명	口	총 8획	7급

生命(생명): 사람이 살아서 숨 쉬고 활동할 수 있게 하는 힘.

命中(명중): 화살이나 총알 따위가 겨냥한 곳에 바로 맞음.

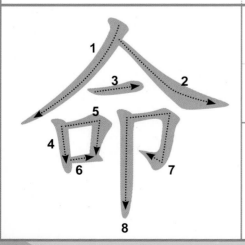

훈(뜻)	음(소리)	부수	획수	급수
성	성	女	총 8획	7급Ⅱ

姓名(성명): 성과 이름을 아울러 이르는 말.
同姓(동성): 같은 성.

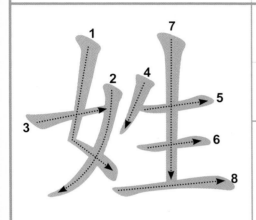

姓　　姓　　姓

훈(뜻)	음(소리)	부수	획수	급수
이름	명	口	총 6획	7급Ⅱ

有名(유명): 이름이 널리 알려져 있음.
名所(명소): 경치나 고적, 산물 따위로 널리 알려진 곳.

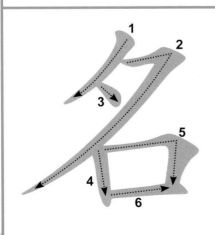

名　　名　　名

1 다음 그림에 어울리는 漢字(한자)를 〈보기〉에서 찾아 필순에 맞게 쓰세요.

보기 老 人 力 名 心 少

2 다음 訓(훈: 뜻)이나 音(음: 소리)에 알맞은 漢字(한자)를 〈보기〉에서 찾아 필순에 맞게 쓰세요.

보기 面 口 手 足 心

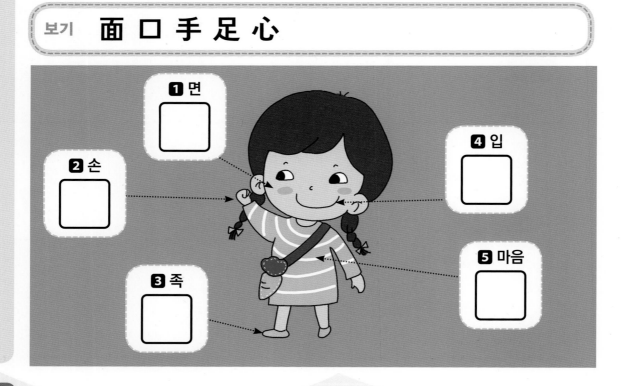

3 다음 漢字(한자)의 訓(훈: 뜻)과 흡(음: 소리)을 쓰세요.

> 보기 字 ⇨ 글자 자

❶ 手

❷ 命

❸ 口

❹ 名

❺ 少

❻ 力

❼ 面

❽ 姓

❾ 老

❿ 足

⓫ 心

⓬ 人

4 다음 밑줄 친 말에 해당하는 漢字(한자)를 필순에 맞게 쓰세요.

❶ 이 운동은 남녀노**소**를 불문하고 누구나 쉽게 배울 수 있습니다.

❷ 사람의 생**명**보다 더 귀한 것은 없습니다.

❸ 옆 집 아주머니는 **노**모를 모시고 고향으로 내려가셨습니다.

❹ 제 꿈은 가**수**입니다.

❺ 이 식당 사장님은 인**심**이 좋기로 유명합니다.

❻ 한 달에 한 번 식**구**들이 다 같이 모여 대청소를 합니다.

❼ 이곳은 관광 **명**소로 지정되어 외국인도 많이 찾아옵니다.

❽ 어제 본 영화의 한 장**면**이 자꾸 생각납니다.

❾ 여기에 **성**명과 주민등록번호를 적어주십시오.

❿ 시간이 부**족**해서 수학 시험을 다 풀지 못했습니다.

훈(뜻)	음(소리)	부수	획수	급수
배울	학	子	총 16획	8급

學校(학교): 일정한 목적·교과 과정 등에 의하여 계속적으로 학생에게 교육을 실시하는 기관.
學問(학문): 어떤 분야를 체계적으로 배워서 익힘. 또는 그런 지식.

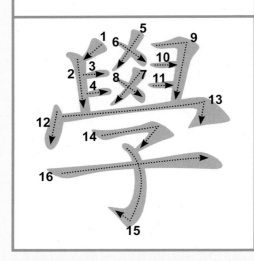

學　學　學

훈(뜻)	음(소리)	부수	획수	급수
학교	교	木	총 10획	8급

校門(교문): 학교의 문.
登校(등교): 학생이 학교에 감.

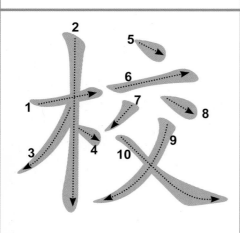

校　校　校

훈(뜻)	음(소리)	부수	획수	급수
가르칠	교	攵	총 11획	8급

教室(교실): 유치원, 초등학교, 중 · 고등학교에서 학습 활동이 이루어지는 방.
教生(교생): 교육 과정의 실제 체험을 위하여 일선 학교에 나가 실습하는 학생.

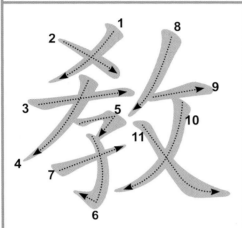

教　教　教

훈(뜻)	음(소리)	부수	획수	급수
기를	육	月(肉)	총 8획	7급

教育(교육): 지식과 기술 따위를 가르치며 인격을 길러 줌.
生育(생육): 낳아서 기름.

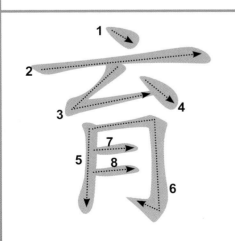

育　育　育

훈(뜻)	음(소리)	부수	획수	급수
먼저	선	儿	총 6획	8급

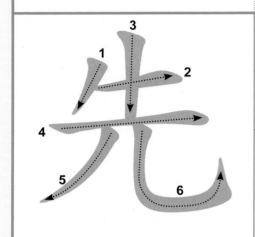

先生(선생): 학생을 가르치는 사람.
先手(선수): 남이 하기 전에 앞질러 하는 행동.

先　先　先

훈(뜻)	음(소리)	부수	획수	급수
날	생	生	총 5획	8급

平生(평생): 세상에 태어나서 죽을 때까지의 동안. 일생.
生家(생가): 어떤 사람이 태어난 집.

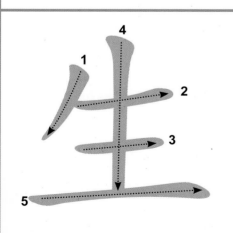

生　生　生

	훈(뜻)	음(소리)	부수	획수	급수
	물을	문	口	총 11획	7급

問安(문안): 웃어른께 안부를 여쭘. 또는 그런 인사.
不問(불문): 묻지 아니함.

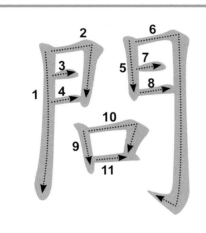

	훈(뜻)	음(소리)	부수	획수	급수
	대답	답	竹	총 12획	7급Ⅱ

答紙(답지): 문제의 해답을 쓰는 종이. 답안지.
正答(정답): 옳은 답.

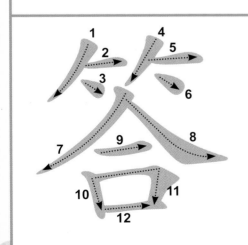

	훈(뜻)	음(소리)	부수	획수	급수
	말씀	어	言	총 14획	7급

國語(국어): 우리나라의 언어. '한국어'를 우리나라 사람이 이르는 말.
語學(어학): 어떤 나라의 언어, 특히 문법을 연구하는 학문.

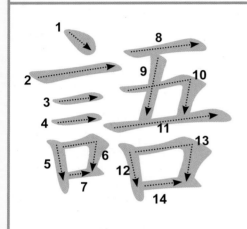

	훈(뜻)	음(소리)	부수	획수	급수
	말씀	화	言	총 13획	7급Ⅱ

手話(수화): 청각 장애가 있는 사람들이 손과 손가락의 모양, 손바닥의 방향, 손의 위치, 손의 움직임을 달리 하여 의미를 전달하는 언어.
民話(민화): 민간에 전해 내려오는 옛날이야기.

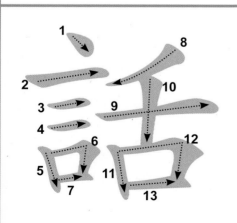

훈(뜻)	음(소리)	부수	획수	급수
한수/한나라	한	氵	총 14획	7급Ⅱ

漢文(한문): 한자만으로 쓰인 문장이나 문학.
門外漢(문외한): 어떤 일에 전문적인 지식이 없는 사람.

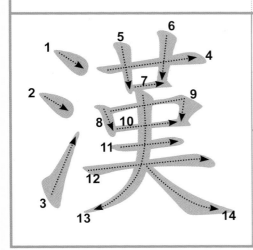

훈(뜻)	음(소리)	부수	획수	급수
글자	자	子	총 6획	7급

漢字(한자): 고대 중국에서 만들어져 오늘날에도 쓰이고 있는 표의 문자.
文字(문자): 인간의 언어를 적는 데 사용하는 시각적인 기호 체계.

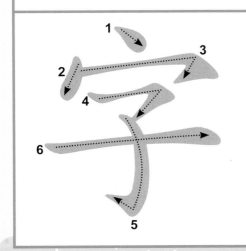

	훈(뜻)	음(소리)	부수	획수	급수
	셈	산	竹	총 14획	7급

算數(산수): 수의 성질, 셈의 기초, 초보적인 기하 따위를 가르치던 학과목.

電算(전산): 전자 회로를 이용하여 계산하는 일 또는 컴퓨터를 이용하여 정보 처리를 하는 일.

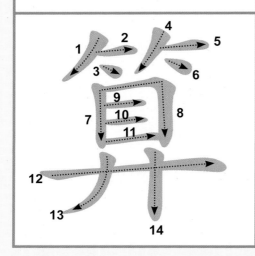

算　算　算

	훈(뜻)	음(소리)	부수	획수	급수
	셈	수	攵	총 15획	7급

數學(수학): 수량 및 공간의 성질에 관하여 연구하는 학문. 대수학, 기하학, 해석학 및 이를 응용하는 학문을 통틀어 이르는 말이다.

數字(숫자): 수를 나타내는 글자.

▶두 음절로 된 한자어는 사이시옷을 넣지 않는 것이 원칙이나, 예외(例外)인 여섯 단어가 있다. 그 중 하나의 단어가 숫자(數字)이다.

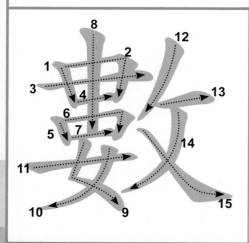

數　數　數

1 다음 그림에 어울리는 漢字(한자)를 〈보기〉에서 찾아 필순에 맞게 쓰세요.

> 보기   語 校 育 先 答 問

1

2

3

4

2 두 漢字語(한자어)에서 밑줄 친 부분의 공통된 漢字(한자)로 알맞은 것을 찾아 연결하세요.

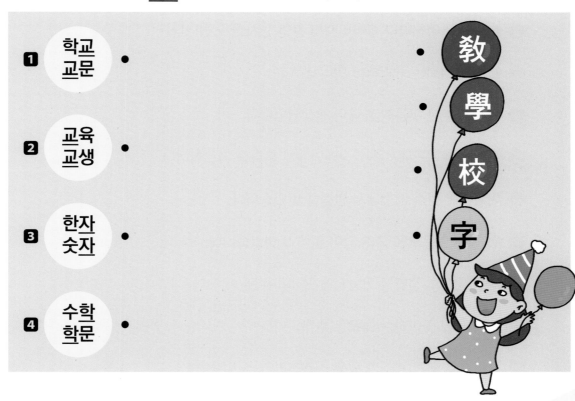

1 학교
교문 •

2 교육
교생 •

3 한자
숫자 •

4 수학
학문 •

• 教

• 學

• 校

• 字

3 다음 漢字(한자)의 訓(훈: 뜻)과 音(음: 소리)을 쓰세요.

보기 字 ⇨ 글자 자

❶ 答

❷ 話

❸ 漢

❹ 育

❺ 學

❻ 問

❼ 數

❽ 語

❾ 算

❿ 先

⓫ 校

⓬ 生

⓭ 教

⓮ 字

4 다음 밑줄 친 말에 해당하는 漢字(한자)를 필순에 맞게 쓰세요.

❶ 우리 **선**생님은 자상하십니다.

❷ 부모님은 아침마다 할아버지께 **문**안 인사를 드립니다.

❸ 교**육**의 기회는 공평해야 합니다.

❹ 우리 삼촌은 고등학교 국**어** 선생님입니다.

❺ 그녀는 복지관에서 청각장애인에게 수**화**를 가르칩니다.

❻ 여동생이 **산**수 시험에서 만점을 받았습니다.

❼ 이 책은 **한**문으로 되어 있어 읽기가 어렵습니다.

❽ 다음 문제의 정**답**을 답안지에 표시하세요.

❾ 제가 제일 좋아하는 과목은 **수**학입니다.

❿ 부모님은 세계 일주가 평**생** 소원이라고 늘 말씀하십니다.

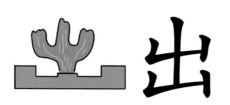

훈(뜻)	음(소리)	부수	획수	급수
날	출	凵	총 5획	7급

出口(출구): 밖으로 나갈 수 있는 통로.
外出(외출): 집이나 근무지 따위에서 벗어나 잠시 밖으로 나감.

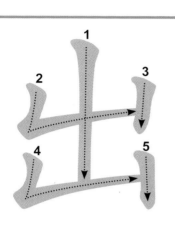

훈(뜻)	음(소리)	부수	획수	급수
들	입	入	총 2획	7급

入學(입학): 학생이 되어 공부하기 위해 학교에 들어감. 또는 학교를 들어감.
入室(입실): 건물 안의 방이나 교실, 병실 따위에 들어감.

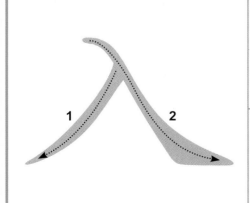

훈(뜻)	음(소리)	부수	획수	급수
일	사	ㅣ	총 8획	7급Ⅱ

人事(인사): 마주 대하거나 헤어질 때 예를 표함. 또는 그런 말이나 행동.
事物(사물): 일과 물건을 아울러 이르는 말.

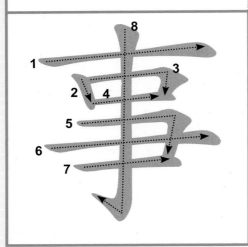

훈(뜻)	음(소리)	부수	획수	급수
쉴	휴	亻	총 6획	7급

休日(휴일): 일요일이나 공휴일 따위의 일을 하지 아니하고 쉬는 날.
休校(휴교): 학교가 학생을 가르치는 업무를 한동안 쉼.

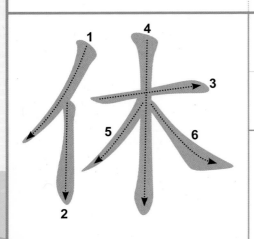

훈(뜻)	음(소리)	부수	획수	급수
설	립	立	총 5획	7급Ⅱ

國立(국립): 공공의 이익을 위하여 나라의 예산으로 세우고 관리함.

立場(입장): 처해 있는 상황.

▶立이 단어의 첫머리에 올 때는 '입'으로 읽습니다.

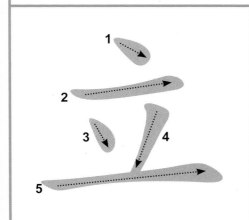

立　立　立

훈(뜻)	음(소리)	부수	획수	급수
올	래	人	총 8획	7급

來日(내일): 오늘의 바로 다음 날.

▶來가 단어의 첫머리에 올 때는 '내'로 읽습니다.

外來語(외래어): 외국에서 들어온 말로 국어에서 널리 쓰이는 단어. 버스, 컴퓨터, 피아노 따위가 있다.

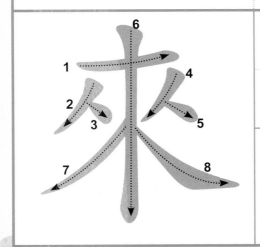

來　來　來

훈(뜻)	음(소리)	부수	획수	급수
움직일	동	力	총 11획	7급Ⅱ

動物(동물): 생물계(동물 · 식물)의 두 갈래 가운데 하나. 사람을 제외한 길짐승, 날짐승, 물짐승 따위를 통틀어 이르는 말.
活動(활동): 몸을 움직여 행동함.

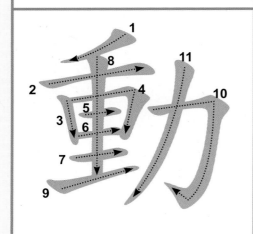

動	動	動

훈(뜻)	음(소리)	부수	획수	급수
오를	등	癶	총 12획	7급

登場(등장): 무대나 연단 따위에 나옴.
登山(등산): 운동, 놀이, 탐험 따위의 목적으로 산에 오름.

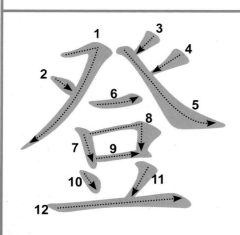

登	登	登

훈(뜻)	음(소리)	부수	획수	급수
밥/먹을	식	食	총 9획	7급Ⅱ

食事(식사): 끼니로 음식을 먹음. 또는 그 음식.
食生活(식생활): 먹는 일이나 먹는 음식에 관한 생활.

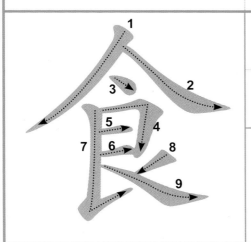

훈(뜻)	음(소리)	부수	획수	급수
노래	가	欠	총 14획	7급

國歌(국가): 나라를 대표·상징하는 노래.
校歌(교가): 학교를 상징하는 노래. 학교의 교육 정신, 이상, 특성 따위를 담고 있다.

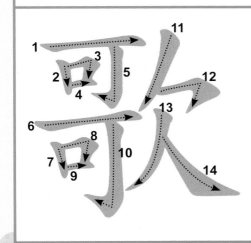

훈(뜻)	음(소리)	부수	획수	급수
살	주	イ	총 7획	7급

住民(주민): 일정한 지역에 살고 있는 사람.
安住(안주): 한곳에 자리를 잡고 편안히 삶.

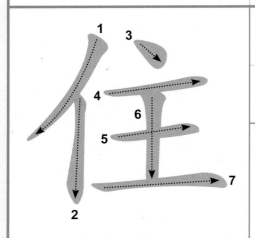

住　住　住

훈(뜻)	음(소리)	부수	획수	급수
살	활	氵	총 9획	7급Ⅱ

活氣(활기): 활동력이 있거나 활발한 기운.
生活(생활): 사람이나 동물이 일정한 환경에서 활동하며 살아감.

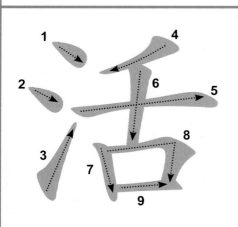

活　活　活

훈(뜻)	음(소리)	부수	획수	급수
기록할	기	言	총 10획	7급Ⅱ

記事(기사): 사실을 적음. 또는 그런 글.
記入(기입): 수첩이나 문서 따위에 적어 넣음.

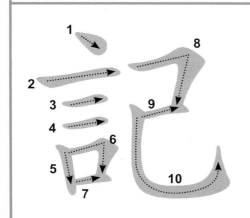

記 記 記

훈(뜻)	음(소리)	부수	획수	급수
심을	식	木	총 12획	7급

植木日(식목일): 나무를 많이 심고 아껴 가꾸도록 권장하기 위하여 국가에서 정한 날. 4월 5일이다.
植物(식물): 생물계(동물·식물)의 두 갈래 가운데 하나. 온갖 나무와 풀의 총칭.

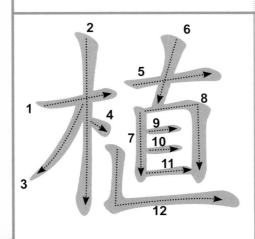

植 植 植

1 다음 그림에 어울리는 漢字(한자)를 〈보기〉에서 찾아 필순에 맞게 쓰세요.

보기 記 登 住 食 立 出

2 다음 그림 일기를 읽고, 밑줄 친 말에 해당하는 漢字(한자)를 찾아 그 번호를 쓰세요.

植 →
歌 →
動 →
登 →
活 →

오늘은 식목일이다. 우리 학교에서 다같이 등산하고, 나무를 심는 행사를 열었다.
① ②

우리 반은 행사에서 교가 연주를 맡았다. 내가 심은 나무가 무럭무럭 자라서
③

동물과 식물의 보금자리가 되었으면 좋겠다. 오늘도 보람차고 활기찬 하루였다.
④ ⑤

3 다음 漢字(한자)의 訓(훈: 뜻)과 音(음: 소리)을 쓰세요.

보기 **字** ⇨ **글자 자**

❶ 記

❷ 動

❸ 立

❹ 來

❺ 出

❻ 食

❼ 活

❽ 住

❾ 入

❿ 登

⓫ 休

⓬ 歌

⓭ 植

⓮ 事

4 다음 밑줄 친 말에 해당하는 漢字(한자)를 필순에 맞게 쓰세요.

❶ **휴**일에는 주말농장에 가서 텃밭을 일굽니다.

❷ 우리 집은 저녁**식**사 후 언제나 아버지가 설거지를 하십니다.

❸ 인**사**는 사람의 기분을 좋게 만듭니다.

❹ 신문에 우리 학교에 관한 **기**사가 대문짝만하게 났다.

❺ 아이들은 **내**일 소풍 갈 생각에 마음이 들떠있다.

❻ 엄마는 형과 내가 싸울 때마다 중**립**을 지키셨습니다.

❼ 폭염 시 노약자는 가능한 외**출**을 자제해야 합니다.

❽ 구청에서 열리는 **주**민 회의에 참여하기로 했습니다.

❾ 동생이 내일 초등학교에 **입**학합니다.

❿ 규칙적인 생**활**은 건강에도 좋습니다.

훈(뜻)	음(소리)	부수	획수	급수
동녘	동	木	총 8획	8급

東大門(동대문): 조선 시대에 건립한 한양 도성의 동쪽 정문. 흥인지문의 다른 이름. 보물 제1호.
東天(동천): 동쪽 하늘.

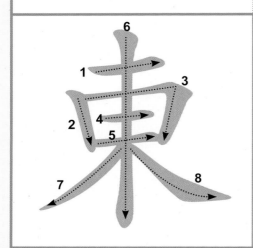

東	東	東

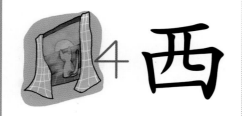

훈(뜻)	음(소리)	부수	획수	급수
서녘	서	西	총 6획	8급

西山(서산): 서쪽에 있는 산.
西海(서해): 서쪽에 있는 바다.

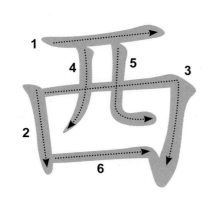

西	西	西

	훈(뜻)	음(소리)	부수	획수	급수
	남녘	남	十	총 9획	8급

南大門(남대문): 조선 시대에 건립한 한양 도성의 남쪽 정문. 숭례문의 다른 이름. 국보 제1호.

南山(남산): 남쪽에 있는 산. 주로 성곽의 남쪽에 있는 산을 이른다.

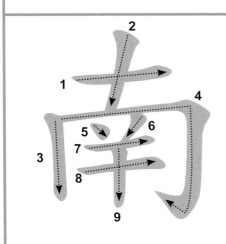

	훈(뜻)	음(소리)	부수	획수	급수
	북녘/달아날	북/배	匕	총 5획	8급

▶北이 '북녘'의 뜻일 때는 '북'으로, '달아나다'의 뜻일 때는 '배'로 읽습니다.

北韓(북한): 남북으로 분단된 대한민국의 휴전선 북쪽 지역을 가리키는 말.

南北(남북): 남쪽과 북쪽을 아울러 이르는 말.

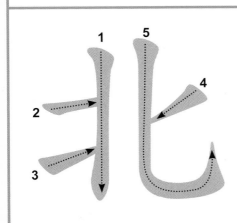

훈(뜻)	음(소리)	부수	획수	급수
안	내	入	총 4획	7급Ⅱ

内面(내면): 1. 밖으로 드러나지 아니하는 사람의 속마음.
2. 물건의 안쪽.
室内(실내): 방이나 건물 따위의 안.

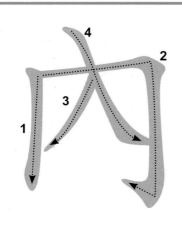

内	内	内

훈(뜻)	음(소리)	부수	획수	급수
바깥	외	夕	총 5획	8급

外食(외식): 집에서 직접 해 먹지 아니하고 밖에서 음식을
사 먹음. 또는 그런 식사.
外國(외국): 자기 나라가 아닌 다른 나라.

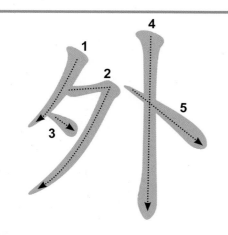

外	外	外

훈(뜻)	음(소리)	부수	획수	급수
윗	상	一	총 3획	7급Ⅱ

地上(지상): 땅의 위.
上水道(상수도): 먹는 물이나 공업, 방화 따위에 쓰는 물을 관을 통하여 보내 주는 설비.

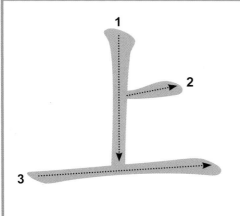

훈(뜻)	음(소리)	부수	획수	급수
아래	하	一	총 3획	7급Ⅱ

下山(하산): 산에서 내려오거나 내려감.
下校(하교): 공부를 끝내고 학교에서 집으로 돌아옴.

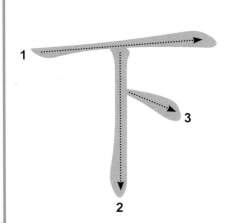

훈(뜻)	음(소리)	부수	획수	급수
왼	좌	工	총 5획	7급Ⅱ

左心室(좌심실): 심장의 왼쪽 아래에 있는 방.
左中間(좌중간): 중앙과 왼쪽의 사이.

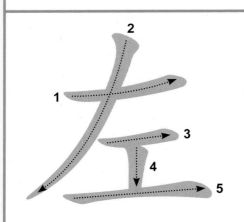

左	左	左

훈(뜻)	음(소리)	부수	획수	급수
오른	우	口	총 5획	7급Ⅱ

左右(좌우): 왼쪽과 오른쪽을 아울러 이르는 말.
左右間(좌우간): 이렇든 저렇든 어떻든 간.

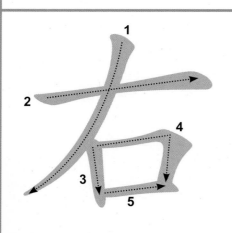

右	右	右

훈(뜻)	음(소리)	부수	획수	급수
앞	전	⺉(刀)	총 9획	7급Ⅱ

直前(직전): 어떤 일이 일어나기 바로 전.
門前(문전): 문의 앞쪽.

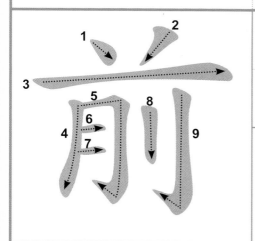

前 前 前

훈(뜻)	음(소리)	부수	획수	급수
뒤	후	彳	총 9획	7급Ⅱ

食後(식후): 밥을 먹은 뒤.
後日(후일): 시간이 지나 뒤에 올 날. 뒷날.

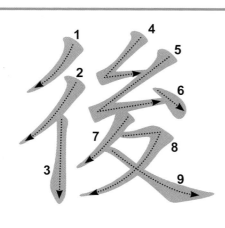

後 後 後

훈(뜻)	음(소리)	부수	획수	급수
가운데	중	l	총 4획	8급

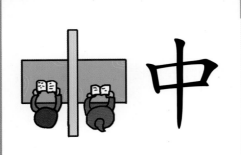

中學校(중학교): 초등학교와 고등학교 사이에 중등 보통 교육을 실시하기 위한 학교.
中心(중심): 사물의 한가운데.

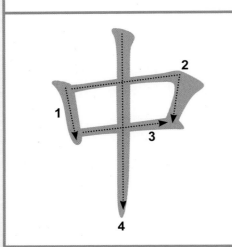

	中	中	中

훈(뜻)	음(소리)	부수	획수	급수
모	방	方	총 4획	7급Ⅱ

地方(지방): 1. 어느 방면의 땅. 2. 서울 이외의 지역.
方言(방언): 어느 한 지방에서만 쓰는, 표준어가 아닌 말. 사투리.

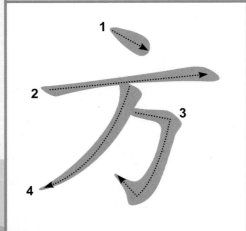

	方	方	方

1 다음 그림에 어울리는 漢字(한자)를 〈보기〉에서 찾아 필순에 맞게 쓰세요.

보기　左 中 內 外 前 右

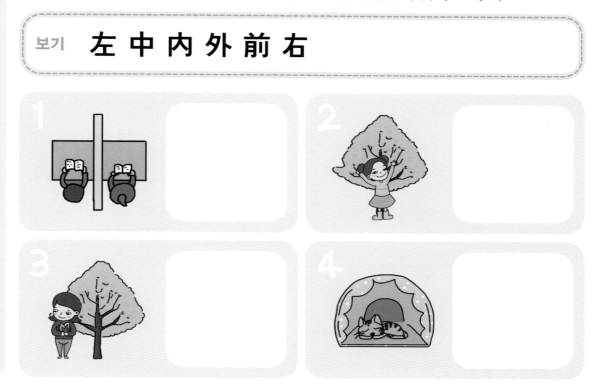

2 다음 그림에 주어진 訓(훈: 뜻)이나 音(음: 소리)에 어울리는 漢字(한자)를 필순에 맞게 쓰세요.

❶ 북녘　❹ 상　❷ 서　❺ 동　❸ 남녘　❻ 아래

3 다음 漢字(한자)의 訓(훈: 뜻)과 音(음: 소리)을 쓰세요.

> 보기   字 ⇨ 글자 자

❶ 方

❷ 北

❸ 後

❹ 中

❺ 南

❻ 外

❼ 前

❽ 西

❾ 内

❿ 上

⓫ 左

⓬ 下

⓭ 東

⓮ 右

4 다음 밑줄 친 말에 해당하는 漢字(한자)를 필순에 맞게 쓰세요.

❶ 날씨가 추워져 화분을 실**내**에 들여놓았습니다.

❷ 이 약은 하루에 세 번, 식**후** 30분에 복용하십시오.

❸ 구급대원들이 아이들을 익사 직**전**에 구해냈습니다.

❹ 우리나라의 보물 제1호는 **동**대문입니다.

❺ 낙하산부대가 고공에서 지**상**으로 낙하하였습니다.

❻ 횡단보도를 건널 때는 좌**우**를 잘 살피고 건너야 합니다.

❼ **외**국으로 이민 간 친구와 매일 영상통화를 합니다.

❽ 그녀는 지**방**에서 올라왔습니다.

❾ 우리는 **서**해로 가서 해지는 광경을 보았습니다.

❿ 겨울 등산 시 미리 일몰 시각을 확인해 그 전에 **하**산해야 합니다.

	훈(뜻)	음(소리)	부수	획수	급수
	큰	대	大	총 3획	8급

大韓民國(대한민국): 아시아 대륙 동쪽에 있는 한반도와 그 부속 도서로 이루어진 공화국.
大家(대가): 전문 분야에서 뛰어나 권위를 인정받는 사람.

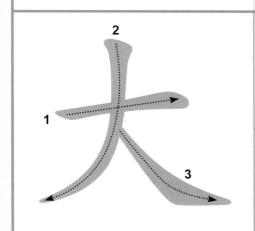

	훈(뜻)	음(소리)	부수	획수	급수
	작을	소	小	총 3획	8급

小心(소심): 마음 씀씀이가 작음. 도량이 좁음. 조심성이 많음.
小食(소식): 음식을 적게 먹음.

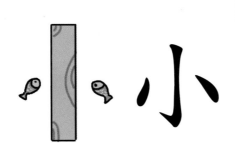

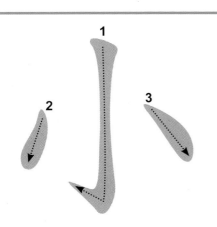

	훈(뜻)	음(소리)	부수	획수	급수
	길	장	長	총 8획	8급

十長生(십장생): 오래도록 살고 죽지 않는다는 열 가지. 해, 산, 물, 돌, 구름, 소나무, 불로초, 거북, 학, 사슴이다.

長女(장녀): 둘 이상의 딸 가운데 맏이가 되는 딸을 이르는 말. 맏딸.

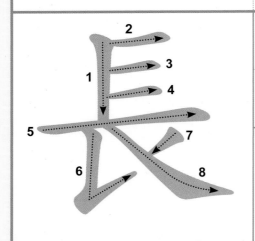

長　　長　　長

	훈(뜻)	음(소리)	부수	획수	급수
	마디	촌	寸	총 3획	8급

四寸(사촌): 1. 아버지의 친형제자매의 아들이나 딸과의 촌수. 2. 네 치 (한 치는 약 3cm). 짧은 거리나 길이.

寸數(촌수): 친족 사이의 멀고 가까운 정도를 나타내는 수. 또는 그런 관계.

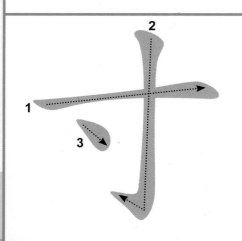

寸　　寸　　寸

훈(뜻)	음(소리)	부수	획수	급수
무거울	중	里	총 9획	7급

重大(중대): 가볍게 여길 수 없을 만큼 매우 중요하고 큼.
重力(중력): 1. 지구 위의 물체가 지구로부터 받는 힘.
2. 큰 힘.

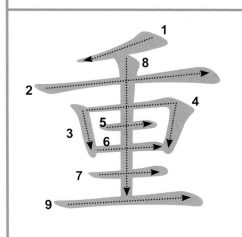

重 重 重

훈(뜻)	음(소리)	부수	획수	급수
평평할	평	干	총 5획	7급Ⅱ

平面(평면): 평평한 표면.
平日(평일): 특별한 일이 없는 보통 때. 평상시.

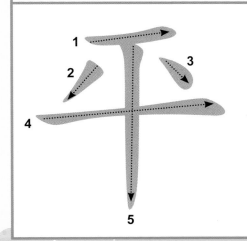

平 平 平

	훈(뜻)	음(소리)	부수	획수	급수
	바를	정	止	총 5획	7급Ⅱ

正直(정직): 마음에 거짓이나 꾸밈이 없이 바르고 곧음.
正字(정자): 서체가 바르고 또박또박 쓴 글자.

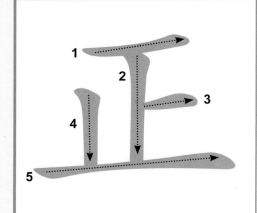

	훈(뜻)	음(소리)	부수	획수	급수
	곧을	직	目	총 8획	7급Ⅱ

直立(직립): 꼿꼿하게 바로 섬.
直面(직면): 어떠한 일이나 사물을 직접 당하거나 접함.

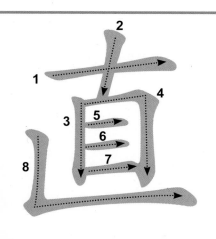

훈(뜻)	음(소리)	부수	획수	급수
편할/똥오줌	편/변	亻(人)	총 9획	7급

便安(편안): 편하고 걱정 없이 좋음.
大小便(대소변): 대변과 소변을 아울러 이르는 말. 똥오줌.

▶便이 '편하다'의 뜻일 때는 '편'으로,
'똥오줌'의 뜻일 때는 '변'으로 읽습니다.

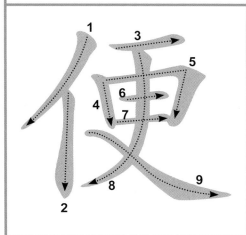

便 便 便

훈(뜻)	음(소리)	부수	획수	급수
편안	안	宀	총 6획	7급Ⅱ

安全(안전): 위험이 생기거나 사고가 날 염려가 없음. 또는
그런 상태.
安心(안심): 모든 걱정을 떨쳐 버리고 마음을 편히 가짐.

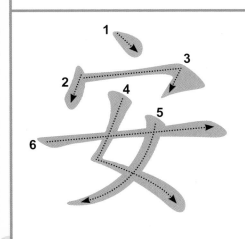

安 安 安

	훈(뜻)	음(소리)	부수	획수	급수
	있을	유	月	총 6획	7급

有力(유력): 세력이나 재산이 있음.
國有(국유): 나라의 소유.

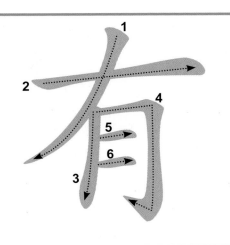

有	有	有

	훈(뜻)	음(소리)	부수	획수	급수
	빌	공	穴	총 8획	7급Ⅱ

空白(공백): 종이나 책 따위에서 글씨나 그림이 없는 빈 곳.
空中(공중): 하늘과 땅 사이의 빈 곳.

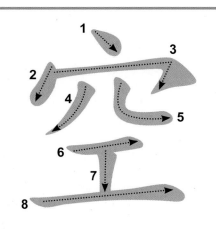

空	空	空

훈(뜻)	음(소리)	부수	획수	급수
온전	전	入	총 6획	7급Ⅱ

全校(전교): 한 학교의 전체.
全面(전면): 모든 면. 또는 모든 부문.

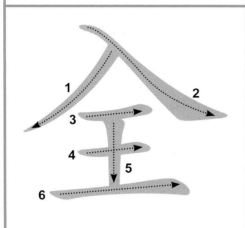

全　全　全

훈(뜻)	음(소리)	부수	획수	급수
아닐	불(부)	一	총 4획	7급Ⅱ

不安(불안): 마음이 편하지 아니하고 조마조마함.
不正(부정): 올바르지 아니하거나 옳지 못함.

▶ 不 다음에 오늘 글자의 자음이 'ㄷ'
　또는 'ㅈ'이면 '부'라고 읽습니다.

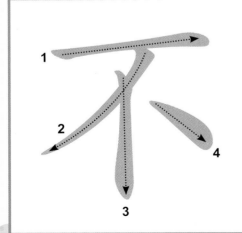

不　不　不

1 다음 그림에 어울리는 漢字(한자)를 〈보기〉에서 찾아 필순에 맞게 쓰세요.

보기   直 正 不 安 長 寸

2 다음 그림에서 밑줄 친 말에 어울리는 漢字(한자)를 연결하세요.

3 다음 漢字(한자)의 訓(훈: 뜻)과 音(음: 소리)을 쓰세요.

보기 字 ⇨ 글자 자

① 長

② 安

③ 寸

④ 全

⑤ 大

⑥ 不

⑦ 小

⑧ 空

⑨ 直

⑩ 平

⑪ 有

⑫ 重

⑬ 正

⑭ 便

4 다음 밑줄 친 말에 해당하는 漢字(한자)를 필순에 맞게 쓰세요.

① 사촌 언니는 달리기를 잘합니다.

② 안전 운전을 위해선 차간 거리를 지켜야 합니다.

③ 도서관 평일 이용시간은 오전 9시부터 오후 6시까지입니다.

④ 커다란 독수리가 공중에서 빙빙거리고 있습니다.

⑤ 어머니의 품처럼 편안한 곳은 없을 것입니다.

⑥ 독도는 대한민국의 동해에 위치한 우리 땅입니다.

⑦ 오빠가 전교 학생회장이 되었습니다.

⑧ 우주는 중력이 없습니다.

⑨ 식탁 위에 불안하게 놓여있던 접시가 바닥에 떨어졌습니다.

⑩ 그가 우승 후보로 유력합니다.

	훈(뜻)	음(소리)	부수	획수	급수
	바	소	戸	총 8획	7급

場所(장소): 어떤 일이 이루어지거나 일어나는 곳.
住所(주소): 사람이 살고 있는 곳이나 기관, 회사 따위가 자리 잡고 있는 곳을 행정 구역으로 나타낸 이름.

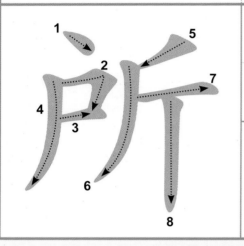

	훈(뜻)	음(소리)	부수	획수	급수
	마을	리(이)	里	총 7획	7급

三千里(삼천리): 함경북도의 북쪽 끝에서 제주도의 남쪽 끝까지 삼천 리 정도 된다고 하여, 우리나라 전체를 비유적으로 이르는 말.
里長(이장): 행정 구역의 단위인 '리'(里)를 대표하여 일을 맡아보는 사람.

▶里(마을 리)가 단어의 첫머리에 올 때는 '이'로 읽습니다.

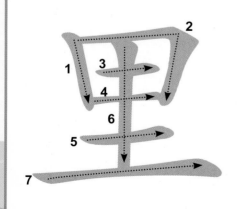

	훈(뜻)	음(소리)	부수	획수	급수
	고을	읍	邑	총 7획	7급

邑長(읍장): 지방 행정 구역인 읍의 우두머리. 읍의 행정 사무를 맡아서 처리한다.
邑內(읍내): 읍의 구역 안.

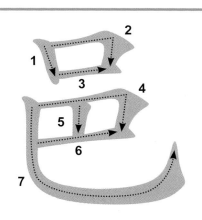

邑　　邑　　邑

	훈(뜻)	음(소리)	부수	획수	급수
	골/밝을	동/통	氵(水)	총 9획	7급

▶洞이 '골짜기, 고을'이라는 뜻일 때는 '동'으로, '밝다, 꿰뚫다'라는 뜻일 때는 '통'으로 읽습니다.

洞長(동장): '동'(洞)의 행정을 맡아보는 으뜸 직위에 있는 사람. 또는 그 직위.
洞民(동민): 한 동네에서 같이 사는 사람.

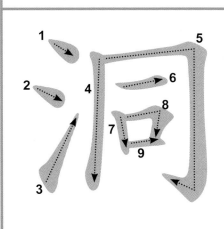

洞　　洞　　洞

훈(뜻)	음(소리)	부수	획수	급수
농사	농	辰	총 13획	7급Ⅱ

農事(농사): 곡류, 과채류 따위의 씨나 모종을 심어 기르고 거두는 따위의 일.
農村(농촌): 주민의 대부분이 농업에 종사하는 마을이나 지역.

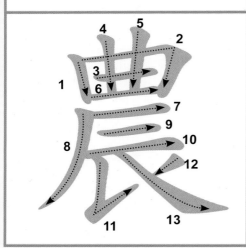

農	農	農

훈(뜻)	음(소리)	부수	획수	급수
마을	촌	木	총 7획	7급

江村(강촌): 강가에 있는 마을.
村長(촌장): 한 마을의 우두머리.

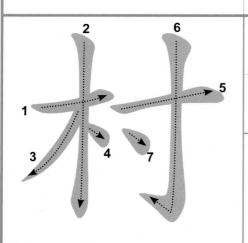

村	村	村

훈(뜻)	음(소리)	부수	획수	급수
저자	시	巾	총 5획	7급Ⅱ

市民(시민): 시(**市**)에 사는 사람.
市場(시장): 지방 자치 단체인 시(**市**)의 책임자. 집행 기관
으로서 시를 맡아서 다스린다.

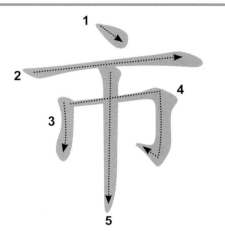

市　市　市

훈(뜻)	음(소리)	부수	획수	급수
길	도	辶(辵)	총 13획	7급Ⅱ

人道(인도): 보행자의 통행에 사용하도록 된 도로.
國道(국도): 나라에서 직접 관리하는 도로. 고속 국도와 일
반 국도가 있다.

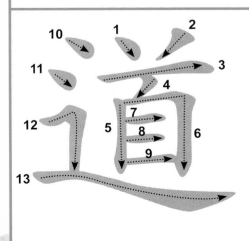

道　道　道

훈(뜻)	음(소리)	부수	획수	급수
마당	장	土	총 12획	7급Ⅱ

農場(농장): 농사지을 땅과 농기구, 가축, 노동력 따위를 갖추고 농업을 경영하는 곳.
白日場(백일장): 국가나 단체에서, 글짓기를 장려하기 위하여 실시하는 글짓기 대회.

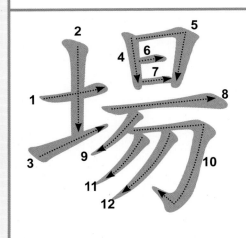

場　場　場

훈(뜻)	음(소리)	부수	획수	급수
집	실	宀	총 9획	8급

王室(왕실): 임금의 집안.
室外(실외): 방이나 건물 따위의 밖.

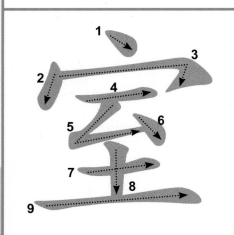

室　室　室

1 다음 그림에 어울리는 漢字(한자)를 〈보기〉에서 찾아 필순에 맞게 쓰세요.

보기 　道 所 室 農 洞 里

2 다음 그림에 주어진 訓(훈: 뜻)이나 音(음: 소리)에 어울리는 漢字(한자)를 아래의 빈칸에 쓰세요.

3 다음 漢字(한자)의 訓(훈: 뜻)과 音(음: 소리)을 쓰세요.

보기 字 ⇨ 글자 자

1. 農
2. 市
3. 室
4. 所
5. 洞

6. 里
7. 邑
8. 村
9. 道
10. 場

4 다음 밑줄 친 말에 해당하는 漢字(한자)를 필순에 맞게 쓰세요.

1. 우리 마을 **이**장님은 겸손하여 모두의 존경을 받습니다.

2. 태안 해변에서 조선 왕**실**의 용머리기와가 발굴되었습니다.

3. 내가 써낸 작문이 교내 백일**장**에서 장원으로 뽑혔습니다.

4. 해마다 추수철이 되면 온 **동**민이 모여 음식을 나눠 먹습니다.

5. 폭설로 출근길 **시**민들이 큰 불편을 겪었습니다.

6. 고속도로가 막혀서 국**도**로 돌아갔습니다.

7. 올해 벼**농**사는 풍년입니다.

8. **촌**장님은 우리 마을의 발전을 위해 노력합니다.

9. **읍**내로 나가는 버스는 30분마다 옵니다.

10. 공공장**소**에서는 절대 정숙하세요.

	훈(뜻)	음(소리)	부수	획수	급수
國	나라	국	口	총 11획	8급

韓國(한국): 대한민국의 약칭.
全國(전국): 온 나라.

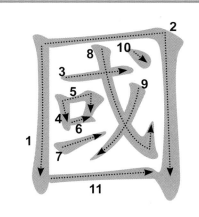

國	國	國

	훈(뜻)	음(소리)	부수	획수	급수
旗	기	기	方	총 14획	7급

國旗(국기): 일정한 형식을 통하여 한 나라의 역사, 국민성, 이상 따위를 상징하도록 정한 기. 우리나라는 태극기.
旗手(기수): 행사 때 대열의 앞에 서서 기를 드는 일을 맡은 사람.

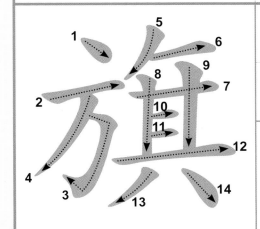

旗	旗	旗

	훈(뜻)	음(소리)	부수	획수	급수
	한국/나라	한	韋	총 17획	8급

韓人(한인): 한국인으로서 특히 외국에 나가 살고 있는 사람을 이르는 말.
韓食(한식): 우리나라 고유의 음식이나 식사.

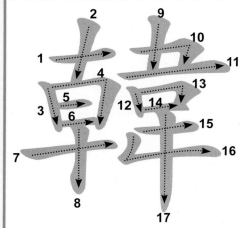

韓	韓	韓

	훈(뜻)	음(소리)	부수	획수	급수
	종이	지	糸	총 10획	7급

韓紙(한지): 우리나라 고유의 제조법으로 만든 종이. 닥나무 껍질 따위의 섬유를 원료로 한다.
便紙(편지): 안부, 소식, 용무 따위를 적어 보내는 글.

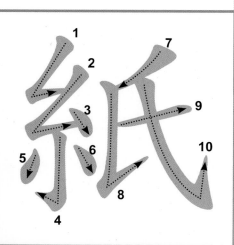

紙	紙	紙

	훈(뜻)	음(소리)	부수	획수	급수
	백성	민	氏	총 5획	8급

國民(국민): 국가를 구성하는 사람. 또는 그 나라의 국적을 가진 사람.
民心(민심): 백성의 마음.

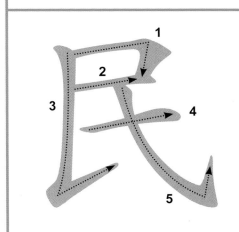

民 民 民

	훈(뜻)	음(소리)	부수	획수	급수
	임금	왕	王	총 4획	8급

國王(국왕): 나라의 임금.
王子(왕자): 1. 임금의 아들. 2. 어린 사내아이를 귀엽게 이르는 말.

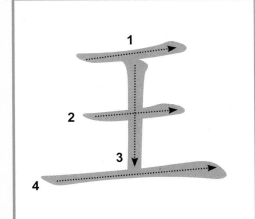

王 王 王

훈(뜻)	음(소리)	부수	획수	급수
군사	군	車	총 9획	8급

國軍(국군): 나라 안팎의 적으로부터 나라를 보존하기 위하여 조직한 군대.
空軍(공군): 주로 공중에서 공격과 방어의 임무를 수행하는 군대.

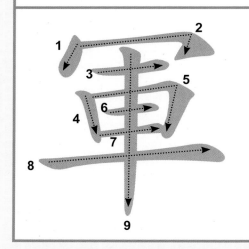

軍 軍 軍

훈(뜻)	음(소리)	부수	획수	급수
주인/임금	주	丶	총 5획	7급

主人(주인): 대상이나 물건 따위를 소유한 사람.
自主(자주): 남의 보호나 간섭을 받지 아니하고 자기 일을 스스로 처리함.

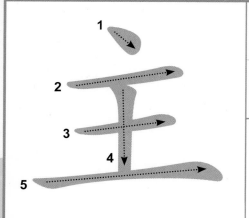

主 主 主

	훈(뜻)	음(소리)	부수	획수	급수
	글월	문	文	총 4획	7급

注文(주문): 어떤 상품을 만들거나 파는 사람에게 그 상품의 생산이나 수송, 또는 서비스의 제공을 요구하거나 청구함. 또는 그 요구나 청구.

天文(천문): 우주와 천체의 온갖 현상과 그에 내재된 법칙성.

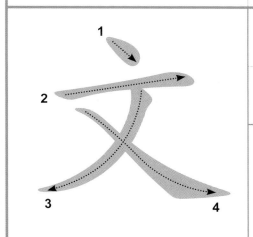

	훈(뜻)	음(소리)	부수	획수	급수
	물건	물	牛	총 8획	7급Ⅱ

文物(문물): 문화의 산물. 곧 정치, 경제, 종교, 예술, 법률 따위의 문화에 관한 모든 것을 통틀어 이르는 말이다.

人物(인물): 1. 생김새나 됨됨이로 본 사람. 2. 일정한 상황에서 어떤 역할을 하는 사람. 3. 뛰어난 사람.

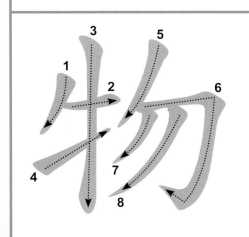

훈(뜻)	음(소리)	부수	획수	급수
장인	공	工	총 3획	7급Ⅱ

工事(공사): 토목이나 건축 따위의 일.
工夫(공부): 학문이나 기술을 배우고 익힘.

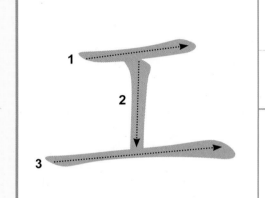

훈(뜻)	음(소리)	부수	획수	급수
수레	거/차	車	총 7획	7급Ⅱ

人力車(인력거): 사람이 끄는 바퀴가 두 개 달린 수레.
電動車(전동차): 전동기의 힘으로 레일 위를 달리는 차.

▶ 車는 사람의 힘으로 움직이면 '거'로 읽고,
동력의 힘으로 움직이면 '차'로 읽습니다.

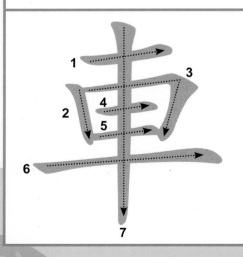

훈(뜻)	음(소리)	부수	획수	급수
인간	세	一	총 5획	7급Ⅱ

世上(세상): 사람이 살고 있는 모든 사회를 통틀어 이르는 말.

出世(출세): 사회적으로 높은 지위에 오르거나 유명하게 됨.

1 다음 그림에 어울리는 漢字(한자)를 〈보기〉에서 찾아 필순에 맞게 쓰세요.

보기 主 國 文 物 軍 車

2 다음 그림에 주어진 訓(훈: 뜻)이나 音(음: 소리)에 어울리는 漢字(한자)를 아래의 빈칸에 쓰세요.

3 다음 漢字(한자)의 訓(훈: 뜻)과 흡(음: 소리)을 쓰세요.

> 보기 字 ⇨ 글자 자

❶ 工

❷ 軍

❸ 王

❹ 韓

❺ 車

❻ 物

❼ 世

❽ 文

❾ 民

❿ 紙

⓫ 國

⓬ 旗

⓬ 主

4 다음 밑줄 친 말에 해당하는 漢字(한자)를 필순에 맞게 쓰세요.

❶ 이 지갑의 **주**인을 찾습니다.

❷ 오늘은 형과 함께 한자 **공**부를 했습니다.

❸ 내일은 전**국**에 비가 내리면서 더위가 누그러지겠습니다.

❹ 책 속에는 내가 모르는 새로운 **세**상이 담겨있습니다.

❺ 나는 양식보단 **한**식을 더 좋아합니다.

❻ 그 영화는 실존 인**물**을 바탕으로 만들어졌습니다.

❼ 10월 1일은 국**군**의 날입니다.

❽ 이번 여름방학에 엄마와 한**지** 공예를 배우려고 합니다.

❾ 옛날의 교통수단으로는 인력**거**, 수레, 가마, 말, 뗏목 등이 있습니다.

❿ 한국 선수들이 경기 시작 전 국**기**에 대한 경례를 하고 있습니다.

부록 및 정답

부수 익히기

◈ 1획 (6자)

一	한 일
丨	뚫을 곤
丶	점 주 / 불똥 주
丿	삐칠 별
乙	새 을
亅	갈고리 궐

◈ 2획 (23자)

二	두 이
亠	돼지해머리 두 / 머리부분 두
人(亻)	사람 인
儿	어진사람 인
入	들 입
八	여덟 팔
冂	멀 경
冖	덮을 멱
冫	얼음 빙
几	안석 궤 / 책상 궤

凵	입벌릴 감
刀(刂)	칼 도
力	힘 력
勹	쌀 포
匕	비수 비
匚	상자 방
匸	감출 혜
十	열 십
卜	점 복
卩(㔾)	병부 절
厂	기슭 엄 / 언덕 한
厶	사사 사
又	또 우

◈ 3획 (31자)

口	입 구
囗	나라 국 / 에울 위
土	흙 토
士	선비 사

夂	뒤쳐져올 치
夊	천천히걸을 쇠
夕	저녁 석
大	큰 대
女	계집 녀
子	아들 자
宀	집 면
寸	마디 촌
小	작을 소
尢	절름발이 왕
尸	주검 시
屮	왼손 좌 / 싹날 철
山	메 산
巛(川)	내 천
工	장인 공
己	몸 기
巾	수건 건
干	방패 간
幺	작을 요

广	집 엄	日	날 일	牛	소 우
廴	길게 걸을 인 (민책받침)	曰	가로 왈	犬(犭)	개 견 (개사슴록변)
廾	받들 공	月	달 월		
弋	주살 익	木	나무 목	◈ 5획 (23자)	
弓	활 궁	欠	하품 흠	玄	검을 현
彐(彑)	돼지머리 계	止	그칠 지	玉	구슬 옥
彡	터럭 삼	歹	살바른뼈 알	瓜	오이 과
彳	조금 걸을 척 (두인변)	殳	몽둥이 수	瓦	기와 와
		毋	말 무	甘	달 감
◈ 4획 (34자)		比	견줄 비	生	날 생
心(忄)	마음 심 (심방변)	毛	털 모	用	쓸 용
戈	창 과	氏	각시 씨 / 성 씨 씨	田	밭 전
戶	집 호 / 지게 호	气	기운 기	疋	필 필 / 발 소
手(扌)	손 수 (재방변)	水(氵)	물 수 (삼수변)	疒	병들어 기댈 녁
支	지탱할 지	火(灬)	불 화 (연화발)	癶	등질 발 (필발머리)
攴(攵)	칠 복	爪(爫)	손톱 조	白	흰 백
文	글월 문	父	아비 부	皮	가죽 피
斗	말 두	爻	사귈 효 / 점괘 효	皿	그릇 명
斤	도끼 근	爿	조각널 장	目	눈 목
方	모 방	片	조각 편	矛	창 모
无	없을 무	牙	어금니 아	矢	화살 시

石	돌 석
示(礻)	보일 시
内	짐승발자국 유
禾	벼 화
穴	구멍 혈
立	설 립

◈ 6획 (29자)

竹	대 죽
米	쌀 미
糸	실 사 / 가는 실 멱
缶	장군 부
网(罒)	그물 망
羊	양 양
羽	깃 우
老(耂)	늙을 로
而	말이을 이
耒	쟁기 뢰
耳	귀 이
聿	붓 율
肉	고기 육

臣	신하 신
自	스스로 자
至	이를 지
臼	절구 구
舌	혀 설
舛	어그러질 천
舟	배 주
艮	그칠 간
色	빛 색
艸(艹)	풀 초 (초두머리)
虍	범 호
虫	벌레 충 / 벌레 훼
血	피 혈
行	다닐 행
衣(衤)	옷 의
襾	덮을 아

◈ 7획 (20자)

見	볼 견
角	뿔 각
言	말씀 언

谷	골 곡
豆	콩 두
豕	돼지 시
豸	벌레 치
貝	조개 패
赤	붉을 적
走	달릴 주
足	발 족
身	몸 신
車	수레 거 / 수레 차
辛	매울 신
辰	별 진
辵(辶)	쉬엄쉬엄갈 착 (책받침)
邑(阝)	고을 읍 (우부방)
酉	닭 유
釆	분별할 변
里	마을 리

◈ 8획 (9자)

金	쇠 금 / 성 김
長	길 장

門	문 문			黹	바느질할 치
阜(阝)	언덕 부 (좌부변)				

門	문 문
阜(阝)	언덕 부 (좌부변)
隶	미칠 이
隹	새 추
雨	비 우
非	아닐 비
靑	푸를 청

◈ 9획 (11자)

面	낯 면
革	가죽 혁
韋	다룸가죽 위
韭	부추 구
音	소리 음
頁	머리 혈
風	바람 풍
飛	날 비
食	먹을 식 / 밥 식
首	머리 수
香	향기 향

◈ 10획 (8자)

馬	말 마
骨	뼈 골
高	높을 고
髟	머리늘어질 표
鬥	싸울 투
鬯	울창주 창
鬲	오지병 격
鬼	귀신 귀

◈ 11획 (6자)

魚	물고기 어
鳥	새 조
鹵	소금밭 로
鹿	사슴 록
麻	삼 마
麥	보리 맥

◈ 12획 (4자)

黃	누를 황
黍	기장 서
黑	검을 흑

黹	바느질할 치

◈ 13획 (4자)

黽	맹꽁이 맹
鼎	솥 정
鼓	북 고
鼠	쥐 서

◈ 14획 (2자)

鼻	코 비
齊	가지런할 제

◈ 15획 (1자)

齒	이 치

◈ 16획 (2자)

龍	용 룡
龜	거북 구 / 거북 귀

◈ 17획 (1자)

龠	피리 약

江 ↔ 山	강**강** ↔ 메**산**	江 山
敎 ↔ 學	가르칠 **교** ↔ 배울 **학**	敎 學
男 ↔ 女	사내 **남** ↔ 계집 **녀**	男 女
南 ↔ 北	남녘 **남** ↔ 북녘 **북**	南 北
內 ↔ 外	안 **내** ↔ 바깥 **외**	內 外
大 ↔ 小	큰 **대** ↔ 작을 **소**	大 小
東 ↔ 西	동녘 **동** ↔ 서녘 **서**	東 西
老 ↔ 少	늙을 **로** ↔ 적을 **소**	老 少
問 ↔ 答	물을 **문** ↔ 대답 **답**	問 答
父 ↔ 母	아비 **부** ↔ 어미 **모**	父 母
山 ↔ 川	메 **산** ↔ 내 **천**	山 川
山 ↔ 海	메 **산** ↔ 바다 **해**	山 海

上 ↔ 下	윗**상** ↔ 아래**하**	上　下
先 ↔ 後	먼저**선** ↔ 뒤**후**	先　後
手 ↔ 足	손**수** ↔ 발**족**	手　足
水 ↔ 火	물**수** ↔ 불**화**	水　火
日 ↔ 月	날**일** ↔ 달**월**	日　月
前 ↔ 後	앞**전** ↔ 뒤**후**	前　後
左 ↔ 右	왼**좌** ↔ 오른**우**	左　右
天 ↔ 地	하늘**천** ↔ 땅**지**	天　地
春 ↔ 秋	봄**춘** ↔ 가을**추**	春　秋
出 ↔ 入	날**출** ↔ 들**입**	出　入
夏 ↔ 冬	여름**하** ↔ 겨울**동**	夏　冬
兄 ↔ 弟	형**형** ↔ 아우**제**	兄　弟

뜻이 비슷한 한자

家 - 室	집 **가** – 집 **실**	家　室
洞 - 邑	골 **동** – 고을 **읍**	洞　邑
同 - 一	한가지 **동** – 한 **일**	同　一
算 - 數	셈 **산** – 셈 **수**	算　數
生 - 出	날 **생** – 날 **출**	生　出
語 - 話	말씀 **어** – 말씀 **화**	語　話
正 - 直	바를 **정** – 곧을 **직**	正　直
住 - 活	살 **주** – 살 **활**	住　活
村 - 里	마을 **촌** – 마을 **리**	村　里
土 - 地	흙 **토** – 땅 **지**	土　地
便 - 安	편할 **편** – 편안 **안**	便　安

車	수레 거	人力車(인력거)	人力車
	수레 차	自動車(자동차) 電動車(전동차)	自動車 電動車

▶車가 사람의 힘으로 움직이면 '거'로, 동력의 힘으로 움직이면 '차'로 읽습니다.

金	쇠 금	入金(입금)	入金
	성 김	金九(김구)	金九

▶金이 '쇠'의 뜻일 때는 '금'으로, '성'의 뜻일 때는 '김'으로 읽습니다.

北	북녘 북	北韓(북한)	北韓
	달아날 배	敗北(패배)	敗北

▶北이 '북녘'의 뜻일 때는 '북'으로, '달아나다'의 뜻일 때는 '배'로 읽습니다.

不	아닐 불	不安(불안)	不安
	아닐 부	不正(부정)	不正

▶不 다음에 오는 글자의 자음이 'ㄷ' 또는 'ㅈ'이면 '부'라고 읽습니다.

便	편할 **편**	便安(편안) 便紙(편지)	便安 便紙
	똥오줌 **변**	大小便(대소변) 便所(변소)	大小便 便所

▶便이 '편하다'의 뜻일 때는 '편'으로, '똥오줌'의 뜻일 때는 '변'으로 읽습니다.

五 두음 법칙의 적용을 받는 한자

女	계집 **녀**	男女(남녀)	女子(여자)

▶女가 단어의 첫머리에 올 때는 '여'로 읽습니다.

年	해 **년**	每年(매년)	年下(연하)

▶年이 단어의 첫머리에 올 때는 '연'으로 읽습니다.

來	올 **래**	外來(외래)	來日(내일)

▶來가 단어의 첫머리에 올 때는 '내'로 읽습니다.

力	힘 **력**	人力(인력)	力道(역도)

▶力이 단어의 첫머리에 올 때는 '역'으로 읽습니다.

老	늙을 **로**	不老(불로)	老人(노인)

▶老가 단어의 첫머리에 올 때는 '노'로 읽습니다.

里	마을 **리**	三千里(삼천리)	里長(이장)

▶里가 단어의 첫머리에 올 때는 '이'로 읽습니다.

林	수풀 **림**	農林(농림)	林野(임야)

▶林이 단어의 첫머리에 올 때는 '임'으로 읽습니다.

立	설 **립**	國立(국립)	立春(입춘)

▶立이 단어의 첫머리에 올 때는 '입'으로 읽습니다.

* 두음 법칙이란 한자음 '녀, 뇨, 뉴, 니'가 단어 첫머리에 올 때 '여, 요, 유, 이'로 '랴, 려, 례, 료, 류, 리'가 단어 첫머리에 올 때 '야, 여, 예, 요, 유, 이'로 '라, 래, 로, 뢰, 루, 르'가 단어 첫머리에 올 때 '나, 내, 노, 뇌, 누, 느'로 적는 것을 말합니다.

급수별 신습 한자

1) 8급 한자 50자

教	校	九	國	軍
가르칠 **교**	학교 **교**	아홉 **구**	나라 **국**	군사 **군**
金	南	女	年	大
쇠 **금** / 성 **김**	남녘 **남**	계집 **녀**	해 **년**	큰 **대**
東	六	萬	母	木
동녘 **동**	여섯 **륙**	일만 **만**	어미 **모**	나무 **목**
門	民	白	父	北
문 **문**	백성 **민**	흰 **백**	아비 **부**	북녘 **북** / 달아날 **배**
四	山	三	生	西
넉 **사**	메 **산**	석 **삼**	날 **생**	서녘 **서**
先	小	水	室	十
먼저 **선**	작을 **소**	물 **수**	집 **실**	열 **십**
五	王	外	月	二
다섯 **오**	임금 **왕**	바깥 **외**	달 **월**	두 **이**
人	一	日	長	弟
사람 **인**	한 **일**	날 **일**	길 **장**	아우 **제**
中	靑	寸	七	土
가운데 **중**	푸를 **청**	마디 **촌**	일곱 **칠**	흙 **토**
八	學	韓	兄	火
여덟 **팔**	배울 **학**	한국/나라 **한**	형 **형**	불 **화**

2) 7급 II 한자 50자

家 집 가	間 사이 간	江 강 강	車 수레 거 / 수레 차	工 장인 공
空 빌 공	氣 기운 기	記 기록할 기	男 사내 남	內 안 내
農 농사 농	答 대답 답	道 길 도	動 움직일 동	力 힘 력
立 설 립	每 매양 매	名 이름 명	物 물건 물	方 모 방
不 아닐 불	事 일 사	上 윗 상	姓 성 성	世 인간 세
手 손 수	市 때 시	時 저자 시	食 밥/먹을 식	安 편안 안
午 낮 오	右 오른(쪽) 우	子 아들 자	自 스스로 자	場 마당 장
全 온전 전	前 앞 전	電 번개 전	正 바를 정	足 발 족
左 왼 좌	直 곧을 직	平 평평할 평	下 아래 하	漢 한수/한나라 한
海 바다 해	話 말씀 화	活 살 활	孝 효도 효	後 뒤 후

3) 7급 한자 50자

歌	口	旗	冬	同
노래 **가**	입 **구**	기 **기**	겨울 **동**	한가지 **동**
洞	登	來	老	里
골 **동** / 밝을 **통**	오를 **등**	올 **래**	늙을 **로**	마을 **리**
林	面	命	問	文
수풀 **림**	낯 **면**	목숨 **명**	물을 **문**	글월 **문**
百	夫	算	色	夕
일백 **백**	지아비 **부**	셈 **산**	빛 **색**	저녁 **석**
少	所	數	植	心
적을 **소**	바 **소**	셈 **수**	심을 **식**	마음 **심**
語	然	有	育	邑
말씀 **어**	그럴 **연**	있을 **유**	기를 **육**	고을 **읍**
入	字	祖	主	住
들 **입**	글자 **자**	할아비 **조**	임금/주인 **주**	살 **주**
重	地	紙	千	天
무거울 **중**	땅 **지**	종이 **지**	일천 **천**	하늘 **천**
川	草	村	秋	春
내 **천**	풀 **초**	마을 **촌**	가을 **추**	봄 **춘**
出	便	夏	花	休
날 **출**	편할 **편** / 똥오줌 **변**	여름 **하**	꽃 **화**	쉴 **휴**

8급 1회 한자능력검정시험 대비 문제지

50문항 | 50분 시험 | 시험 일자: 20   .   .

성명: _____ | 수험번호: _____

[문제 1-10] 다음 글의 ( ) 안에 있는 漢字한자의 讀音(독음: 읽는 소리)을 쓰세요.

〈보기〉 (字) → 자

[1] 내 (生)

[2] (日)을 축하하기 위해

[3] (父)

[4] (母)님과

[5] (三)

[6] (寸),

[7] (四)촌

[8] (兄)

[9] 그리고 내 (女)동생이

[10] 거(室)에 모여 있습니다.

[문제 11-20] 다음 訓(훈: 뜻)이나 音(음: 소리)에 알맞은 漢字한자를 〈보기〉에서 찾아 그 번호를 쓰세요.

〈보기〉

① 土　② 一　③ 校　④ 五　⑤ 年
⑥ 九　⑦ 軍　⑧ 七　⑨ 木　⑩ 靑

[11] 흙

[12] 구

[13] 학교

[14] 군사

[15] 해

[16] 청

[17] 다섯

[18] 나무

[19] 칠

[20] 한

[문제 21-30] 다음 밑줄 친 말에 해당하는 漢字한자를 〈보기〉에서 찾아 그 번호를 쓰세요.

〈보기〉
① 西   ② 水   ③ 外   ④ 王   ⑤ 月
⑥ 火   ⑦ 金   ⑧ 人   ⑨ 白   ⑩ 國

[21] 동생이 실수로 바닥에 물을 엎질렀습니다.

[22] 나는 추워서 바깥에 나가지 않았습니다.

[23] 오늘 공원에는 사람이 많습니다.

[24] 달이 구름 속으로 모습을 감추었습니다.

[25] 어머니는 흰색으로 벽을 칠했습니다.

[26] 내 친구들은 대부분 성이 김 씨입니다.

[27] 신하는 임금을 섬겨야 합니다.

[28] 할머니께서 아궁이에 불을 피웠습니다.

[29] 어린이는 나라를 이끌어 갈 인재입니다.

[30] 어느새 서쪽 하늘이 붉게 물들었습니다.

[문제 31-40] 다음 漢字한자의 訓(훈: 뜻)과 音(음: 소리)을 쓰세요.

〈보기〉字 → 글자 자

[31] 大

[32] 六

[33] 門

[34] 民

[35] 先

[36] 山

[37] 八

[38] 十

[39] 弟

[40] 二

[문제 41-44] 다음 漢字한자의 訓(훈: 뜻)을 〈보기〉에서 찾아 그 번호를 쓰세요.

〈보기〉

① 학교　② 한국/나라　③ 동녘　④ 백성

[41] 民

[42] 東

[43] 學

[44] 韓

[문제 45-48] 다음 漢字한자의 音(음: 소리)을 〈보기〉에서 찾아 그 번호를 쓰세요.

〈보기〉

① 소　　② 남　　③ 교　　④ 만

[45] 小

[46] 南

[47] 萬

[48] 敎

[문제 49-50] 다음 漢字한자의 진하게 표시한 획은 몇 번째 쓰는지 〈보기〉에서 찾아 그 번호를 쓰세요.

〈보기〉

① 첫 번째　　② 두 번째
③ 세 번째　　④ 네 번째
⑤ 다섯 번째　　⑥ 여섯 번째
⑦ 일곱 번째　　⑧ 여덟 번째
⑨ 아홉 번째　　⑩ 열 번째

[49]

[50]

7급Ⅱ 1회 한자능력검정시험 대비 문제지

60문항 | 50분 시험 | 시험 일자: 20 . .

성명: _____ | 수험번호: _____

[문제 1-22] 다음 밑줄 친 漢字語한자어의 音 (음: 소리)을 쓰세요.

〈보기〉 漢字 → 한자

[1] 길에서 우연히 담임 <u>先生</u>님을 만났습니다.

[2] 추석은 음력 <u>八月</u> 15일입니다.

[3] 우리는 이제 6<u>學年</u>이 됩니다.

[4] 가게는 <u>午後</u>에 손님이 많습니다.

[5] 종이 울리자 아이들이 <u>敎室</u> 밖으로 나갑니다.

[6] <u>日氣</u> 예보에서 오늘 눈이 온다고 했습니다.

[7] 기러기들이 무리를 지어 <u>空中</u>을 날고 있습 니다.

[8] 여기에 자신의 <u>姓名</u>과 나이를 쓰세요.

[9] 도서관은 <u>平日</u>에만 운영합니다.

[10] 갑자기 <u>電話</u>가 울려서 깜짝 놀랐습니다.

[11] 아버지는 성실과 <u>正直</u>을 중요시 여기십 니다.

[12] 시험을 앞두고 <u>不安</u>해지기 시작했습니다.

[13] <u>四方</u>에서 사람들이 모여들었습니다.

[14] 형은 <u>全校</u> 회장으로 뽑히게 되었습니다.

[15] 태풍으로 인해 많은 <u>農家</u>들이 피해를 입 었습니다.

[16] 벽에 액자를 걸 때 <u>水平</u>을 잘 맞추어라.

[17] 오랜만에 <u>三寸</u>이 놀러 왔습니다.

[18] <u>市場</u>은 집에서 가까운 곳에 있습니다.

[19] 나는 <u>時間</u> 가는 줄 모르고 책을 읽습니다.

[20] <u>南海</u>에는 크고 작은 섬이 많습니다.

[21] 복도에서 만난 친구와 반갑게 <u>人事</u>를 나 누었습니다.

[22] 우리는 <u>漢江</u> 공원에서 자전거를 탔습니다.

[문제 23-42] 다음 漢字한자의 訓(훈: 뜻)과 音(음: 소리)을 쓰세요.

〈보기〉 音 — 소리 음

[23] 弟

[24] 自

[25] 校

[26] 世

[27] 小

[28] 物

[29] 安

[30] 男

[31] 答

[32] 立

[33] 道

[33] 孝

[34] 力

[35] 兄

[36] 長

[37] 歌

[38] 西

[39] 白

[40] 記

[41] 下

[42] 生

[문제 43-44] 다음 밑줄 친 漢字語한자어를 〈보기〉에서 골라 그 번호를 쓰세요.

〈보기〉

① 每日   ② 靑年   ③ 萬一   ④ 食事

[43] 어머니는 매일 커피를 마십니다.

[44] 그는 저녁 식사 후에 늘 산책을 합니다.

[문제 45-54] 다음 訓(훈: 뜻)과 音(음: 소리)에 맞는 漢字한자를 〈보기〉에서 골라 그 번호를 쓰세요.

〈보기〉

① 九   ② 道   ③ 方   ④ 東   ⑤ 六
⑥ 中   ⑦ 土   ⑧ 不   ⑨ 工   ⑩ 名

[45] 길 도

[46] 아홉 구

[47] 여섯 륙

[48] 가운데 중

[49] 장인 공

[50] 모 방

[51] 흙 토

[52] 동녘 동

[53] 아닐 불(부)

[54] 이름 명

[문제 55-56] 다음 漢字한자의 상대 또는 반대되는 漢字한자를 〈보기〉에서 골라 그 번호를 쓰세요.

〈보기〉

① 左　　② 外　　③ 上　　④ 足

[55] (　　　) ↔ 右

[56] 內 ↔ (　　　)

[문제 57-58] 다음 뜻에 맞는 漢字語한자어를 〈보기〉에서 찾아 그 번호를 쓰세요.

〈보기〉

① 安心　　② 男女　　③ 弟子　　④ 人氣

[57] 스승으로부터 가르침을 받거나 받은 사람.

[58] 어떤 대상에 쏠리는 대중의 높은 관심이나 좋아하는 기운.

[문제 59-60] 다음 漢字한자의 진하게 표시한 획은 몇 번째 쓰는지 〈보기〉에서 찾아 그 번호를 쓰세요.

〈보기〉

① 첫 번째　　② 두 번째
③ 세 번째　　④ 네 번째
⑤ 다섯 번째　　⑥ 여섯 번째
⑦ 일곱 번째　　⑧ 여덟 번째
⑨ 아홉 번째　　⑩ 열 번째

[59]

[60]

7급 1회 한자능력검정시험 대비 문제지

70문항 | 50분 시험 | 시험 일자: 20   .   .

성명: _____ | 수험번호: _____

[문제 1-32] 다음 밑줄 친 漢字語_{한자어}의 音 (음: 소리)을 쓰세요.

〈보기〉 漢字 → 한자

[1] 필요한 것을 사려고 하니 돈이 조금 <u>不足</u>했습니다.

[2] 앞으로 부모님께 못 다한 <u>孝道</u>를 하고 싶습니다.

[3] 아버지께서는 <u>植物</u> 가꾸는 것을 좋아합니다.

[4] 그림을 그리기 위해 <u>白紙</u>를 꺼내 왔습니다.

[5] 은행은 공<u>休日</u>에 문을 열지 않습니다.

[6] 학생들은 도서관에서 열심히 <u>工夫</u>를 합니다.

[7] 의사가 <u>安心</u>하기에는 아직 이르다고 했습니다.

[8] 회비를 <u>入金</u>하려고 카드를 가져왔습니다.

[9] 우리의 <u>所重</u>한 문화 유산을 잘 보존해야 합니다.

[10] <u>立冬</u>이 지나자 추워졌습니다.

[11] 이 문제의 <u>正答</u>이 무엇인지 알려주었습니다.

[12] <u>歌手</u> 못지 않게 노래를 잘 부릅니다.

[13] 매주 <u>五萬</u> 원씩 용돈을 받습니다.

[14] 새벽 <u>空氣</u>가 제법 쌀쌀합니다.

[15] <u>海軍</u>은 기습 작전으로 적의 함정을 공격했다.

[16] 전 세계 <u>人口</u>가 점점 줄어들고 있습니다.

[17] <u>日出</u>을 보기 위해 일찍 일어났습니다.

[18] 지방 곳곳에 <u>國立</u> 대학교가 있습니다.

[19] 그는 못하는 게 없는 <u>八方</u>미인입니다.

[20] 출근길에는 <u>市內</u>의 교통이 매우 혼잡합니다.

[21] 옆집 <u>父子</u>는 주말마다 같이 운동을 합니다.

[22] 우리 母女는 친구처럼 사이가 좋습니다.

[23] 우리 담임 선생님은 國語를 가르칩니다.

[24] 나는 有名한 화가의 그림을 소장하고 싶습니다.

[25] 칠월 七夕은 견우와 직녀가 만나는 날입니다.

[26] 나는 세 兄弟 중 막내입니다.

[27] 동생은 올해 5學年이 됩니다.

[28] 이번 中間고사에서 성적이 많이 올랐습니다.

[29] 친구는 每事에 긍정적입니다.

[30] 우리는 平生 함께 하기로 약속했습니다.

[31] 우리나라 100대 名山을 모두 오르는 게 목표입니다.

[32] 가을철 農村에서는 추수하느라 바쁩니다.

[문제 33-52] 다음 漢字한자의 訓(훈: 뜻)과 音(음: 소리)을 쓰세요.

〈보기〉漢 → 한나라 한

[33] 草

[34] 育

[35] 電

[36] 色

[37] 面

[38] 林

[39] 春

[40] 文

[41] 里

[42] 姓

[43] 少

[44] 川

[45] 場

[46] 千

[47] 動

[48] 右

[49] 記

[50] 內

[51] 南

[52] 車

[문제 53-62] 다음 訓(훈: 뜻)과 音(음: 소리)에 맞는 漢字한자를 〈보기〉에서 골라 그 번호를 쓰세요.

〈보기〉

① 老　② 旗　③ 秋　④ 花　⑤ 活
⑥ 祖　⑦ 世　⑧ 洞　⑨ 便　⑩ 話

[53] 늙을 로

[54] 골 동/밝을 통

[55] 살 활

[56] 꽃 화

[57] 편할 편/똥오줌 변

[58] 가을 추

[59] 인간 세

[60] 조상 조

[61] 말씀 화

[62] 기 기

[문제 63-64] 다음 밑줄 친 漢字語한자어를 〈보기〉에서 찾아 그 번호를 쓰세요.

〈보기〉

① 自然　② 白色　③ 洞長　④ 同時

[63] 인간은 자연과 더불어 살아갑니다.

[64] 욕조에 찬물과 더운물을 동시에 틀었습니다.

[문제 65-66] 다음 漢字한자의 상대 또는 반대되는 漢字한자를 〈보기〉에서 골라 그 번호를 쓰세요.

〈보기〉

① 地　② 外　③ 前　④ 足

[65] (　　) ↔ 後

[66] 天 ↔ (　　)

[문제 67-68] 다음 뜻에 맞는 漢字語한자어를 〈보기〉에서 찾아 그 번호를 쓰세요.

〈보기〉

① 數字　② 主人　③ 算數　④ 住民

[67] 수를 나타내는 글자.

[68] 일정한 지역에 살고 있는 사람.

[문제 69-70] 다음 漢字한자의 진하게 표시한 획은 몇 번째 쓰는지 〈보기〉에서 찾아 그 번호를 쓰세요.

〈보기〉

① 첫 번째　② 두 번째
③ 세 번째　④ 네 번째
⑤ 다섯 번째　⑥ 여섯 번째
⑦ 일곱 번째　⑧ 여덟 번째
⑨ 아홉 번째　⑩ 열 번째

[69]

[70]

8급 2회 한자능력검정시험 대비 문제지

50문항 | 50분 시험 | 시험 일자: 20 . .

성명: _____ | 수험번호: _____

[문제 1-10] 다음 글의 ( ) 안에 있는 漢字한자의 讀音(독음: 읽는 소리)을 쓰세요.

〈보기〉(字) → 자

[1] (五)

[2] (月)

[3] (十)오일

[4] (先)

[5] (生)님을 위한

[6] 기념(日)을 맞아

[7] 졸업한 (學)생들이

[8] (敎)무

[9] (室)에 찾아와서

[10] (人)사를 했습니다.

[문제 11-20] 다음 訓(훈: 뜻)이나 音(음: 소리)에 알맞은 漢字한자를 〈보기〉에서 찾아 그 번호를 쓰세요.

〈보기〉

① 國   ② 母   ③ 一   ④ 七   ⑤ 女
⑥ 北   ⑦ 水   ⑧ 火   ⑨ 民   ⑩ 校

[11] 나라

[12] 일곱

[13] 모

[14] 하나

[15] 학교

[16] 물

[17] 북녘

[18] 녀

[19] 화

[20] 백성

[문제 21-30] 다음 밑줄 친 말에 해당하는 漢字_{한자}를 〈보기〉에서 찾아 그 번호를 쓰세요.

〈보기〉

① 六　② 靑　③ 小　④ 土　⑤ 軍
⑥ 木　⑦ 中　⑧ 門　⑨ 長　⑩ 東

[21] 봄이 되자 정원에 <u>나무</u>를 심었습니다.

[22] 실내에 들어올 때는 <u>문</u>을 꼭 닫아주세요.

[23] 서점에서 책 <u>여섯</u> 권을 샀습니다.

[24] 꽃을 식탁 <u>가운데</u>에 두었습니다.

[25] 높고 <u>푸른</u> 가을 하늘을 즐깁니다.

[26] 10월 1일은 <u>군인</u>의 날입니다.

[27] 태양은 <u>동쪽</u>에서 떠오릅니다.

[28] 기린은 목이 <u>깁니다</u>.

[29] <u>흙</u> 묻은 손을 깨끗이 씻었습니다.

[30] 어머니는 <u>작은</u> 접시에 반찬을 옮겨 담습니다.

[문제 31-40] 다음 漢字_{한자}의 訓(훈: 뜻)과 音(음: 소리)을 쓰세요.

〈보기〉 字 → 글자 자

[31] 大

[32] 二

[33] 金

[34] 九

[35] 三

[36] 山

[37] 八

[38] 王

[39] 白

[40] 兄

[문제 41-44] 다음 漢字한자의 訓(훈: 뜻)을 〈보기〉에서 찾아 그 번호를 쓰세요.

〈보기〉

① 서녘　② 해　③ 바깥　④ 아비

[41] 年

[42] 西

[43] 外

[44] 父

[문제 45-48] 다음 漢字한자의 音(음: 소리)을 〈보기〉에서 찾아 그 번호를 쓰세요.

〈보기〉

① 한　② 사　③ 수　④ 만

[45] 萬

[46] 水

[47] 韓

[48] 四

[문제 49-50] 다음 漢字한자의 진하게 표시한 획은 몇 번째 쓰는지 〈보기〉에서 찾아 그 번호를 쓰세요.

〈보기〉

① 첫 번째　② 두 번째
③ 세 번째　④ 네 번째
⑤ 다섯 번째　⑥ 여섯 번째
⑦ 일곱 번째　⑧ 여덟 번째
⑨ 아홉 번째　⑩ 열 번째

[49]

[50]

7급Ⅱ 2회 한자능력검정시험 대비 문제지

60문항 | 50분 시험 | 시험 일자: 20 . .

성명: _____ | 수험번호: _____

[문제 1-22] 다음 밑줄 친 漢字語한자어의 音(음: 소리)을 쓰세요.

〈보기〉漢字 → 한자

[1] 마을 한쪽에 큰 과자 工場이 있습니다.

[2] 내일 午後 세 시에 영화관에 가기로 했습니다.

[3] 산불 피해 이재민 돕기에 온 國民이 참여했습니다.

[4] 사자는 무리를 지어 生活합니다.

[5] 이 기계들은 전부 自動으로 조작됩니다.

[6] 엘리베이터가 安全한지 점검 중입니다.

[7] 수업 中間에 누가 교실로 찾아왔습니다.

[8] 오늘은 校內 달리기 대회가 있는 날입니다.

[9] 아름다운 우리 江山을 잘 보존해야 합니다.

[10] 三寸은 우리 학교에서 음악을 가르칩니다.

[11] 韓食 중에서 비빔밥이 인기가 많습니다.

[12] 나는 아직 海外여행을 해 본적이 없습니다.

[13] 每日 30분씩 운동을 합니다.

[14] 이 화장실은 女子만 사용할 수 있습니다.

[15] 토론의 사회자는 中立을 지켜야 합니다.

[16] 저녁 식사 중에 電話가 왔습니다.

[17] 스피커에서 나오는 소리가 四方에 울려 퍼집니다.

[18] 아버지는 삼兄弟 중 막내입니다.

[19] 서울 市長 후보자들이 열띤 토론을 하고 있습니다.

[20] 세뱃돈으로 五萬 원을 받았습니다.

[21] 내가 탄 비행기는 인천 上空을 날고 있습니다.

[22] 교내 신문에 우리 반에 관한 記事가 실렸습니다.

[문제 23-42] 다음 漢字한자의 訓(훈: 뜻)과 音(음: 소리)을 쓰세요.

〈보기〉 音 — 소리 음

[23] 世

[24] 西

[25] 王

[26] 漢

[27] 左

[28] 孝

[29] 十

[30] 男

[31] 答

[32] 右

[33] 六

[33] 先

[34] 食

[35] 母

[36] 不

[37] 學

[38] 農

[39] 白

[40] 手

[41] 下

[42] 前

[문제 43-44] 다음 밑줄 친 漢字語한자어를 〈보기〉에서 골라 그 번호를 쓰세요.

〈보기〉

① 人力   ② 力道   ③ 下車   ④ 正直

[43] 우리 반의 급훈은 정직과 성실입니다.

[44] 역도 선수가 역기를 번쩍 들었습니다.

[문제 45-54] 다음 訓(훈: 뜻)과 音(음: 소리)에 맞는 漢字한자를 〈보기〉에서 골라 그 번호를 쓰세요.

〈보기〉

① 九   ② 南   ③ 氣   ④ 月   ⑤ 車
⑥ 物   ⑦ 土   ⑧ 父   ⑨ 足   ⑩ 時

[45] 물건 물

[46] 아홉 구

[47] 달 월

[48] 남녘 남

[49] 때 시

[50] 수레 거/수레 차

[51] 흙 토

[52] 기운 기

[53] 아비 부

[54] 발 족

[문제 55-56] 다음 漢字한자의 상대 또는 반대되는 漢字한자를 〈보기〉에서 골라 그 번호를 쓰세요.

〈보기〉

① 大　　② 六　　③ 生　　④ 火

[55] (　　　) ↔ 小

[56] 水 ↔ (　　　)

[문제 57-58] 다음 뜻에 맞는 漢字語한자어를 〈보기〉에서 찾아 그 번호를 쓰세요.

〈보기〉

① 市民　　② 主人　　③ 姓名　　④ 名物

[57] 성과 이름.

[58] 대상이나 물건 따위를 소유한 사람.

[문제 59-60] 다음 漢字한자의 진하게 표시한 획은 몇 번째 쓰는지 〈보기〉에서 찾아 그 번호를 쓰세요.

〈보기〉

① 첫 번째　　② 두 번째
③ 세 번째　　④ 네 번째
⑤ 다섯 번째　　⑥ 여섯 번째
⑦ 일곱 번째　　⑧ 여덟 번째
⑨ 아홉 번째　　⑩ 열 번째

[59]

[60]

7급 2회 한자능력검정시험 대비 문제지

70문항 | 50분 시험 | 시험 일자: 20　.　.

성명: _____ | 수험번호: _____

[문제 1-32] 다음 밑줄 친 漢字語한자어의 音 (음: 소리)을 쓰세요.

〈보기〉漢字 → 한자

[1] 아파트 工事 때문에 소음이 심합니다.

[2] 어제 아무도 내 電話를 받지 않았습니다.

[3] 언니는 이번 학기에 休學을 합니다.

[4] 학생이 每年마다 줄어들고 있습니다.

[5] 우리는 멸종 위기 動物을 보호해야 합니다

[6] 來日은 중요한 경기가 있는 날입니다.

[7] 바람이 불자 게양대에 걸린 國旗들이 펄럭입니다.

[8] 아름다운 自然을 후대에 물려주어야 합니다.

[9] 우편을 보낼 때는 받는 분의 住所를 정확히 알아야 합니다.

[10] 이 약은 食後 30분이 지나고 먹는 것이 좋습니다.

[11] 校長 선생님은 모든 학생들의 이름을 외우려고 노력하십니다.

[12] 산불로 인해서 數千 명의 이재민이 발생했습니다.

[13] 萬一의 상황에 대비해서 안경을 하나 더 챙겼습니다.

[14] 내 의자가 책상보다 낮고 작아서 不便합니다.

[15] 문제를 다 풀고 나서 答紙를 보고 채점을 했습니다.

[16] 탐관오리 때문에 百姓이 고통받고 있습니다.

[17] 나는 市立 교향악단에서 바이올린을 연주합니다.

[18] 내 四寸 동생은 곧 결혼을 합니다.

[19] 만약 火山이 폭발하면 마을 전체가 연기와 재로 뒤덮일 것입니다.

[20] 이번 여름에는 南海 지방으로 떠날 계획입니다.

[21] 동생과 <u>弟夫</u>는 사이가 좋습니다.

[22] 밤새 내린 눈이 온 <u>世上</u>을 덮었습니다.

[23] 아이들 가정 <u>教育</u>의 책임은 부모에게 있습니다.

[24] 전통 문화에는 우리 <u>先祖</u>들의 지혜가 담겨있습니다.

[25] <u>正午</u> 무렵 뜨거운 햇빛이 내 머리 위로 내리비칩니다.

[26] 국가는 국민의 <u>生命</u>과 재산을 보호해야 합니다.

[27] <u>秋夕</u>을 맞아 가족과 함께 차례를 지냈습니다.

[28] 형형색색의 열기구들이 <u>空中</u>으로 뜨기 시작했습니다.

[29] 시골에 있는 할머니 댁의 지붕과 문을 <u>青色</u>으로 칠했습니다.

[30] 쉬운 요리라도 생각보다 <u>時間</u>이 많이 걸립니다.

[31] 좌우를 살피면서 안전하게 <u>車道</u>를 건너야 합니다.

[32] 수업이 시작되기 <u>直前</u>에 선생님께서 헐레벌떡 들어왔습니다.

[문제 33-52] 다음 漢字한자의 訓(훈: 뜻)과 음(음: 소리)을 쓰세요.

〈보기〉漢 → 한나라 한

[33] 冬

[34] 主

[35] 夏

[36] 面

[37] 草

[38] 老

[39] 九

[40] 記

[41] 男

[42] 少

[43] 川

[44] 場

[45] 植

[46] 江

[47] 右

[48] 語

[49] 門

[50] 全

[51] 力

[52] 平

[문제 53-62] 다음 訓(훈: 뜻)과 音(음: 소리)에 맞는 漢字한자를 〈보기〉에서 골라 그 번호를 쓰세요.

〈보기〉

① 父 ② 小 ③ 左 ④ 邑 ⑤ 花
⑥ 農 ⑦ 里 ⑧ 文 ⑨ 林 ⑩ 春

[53] 농사 농

[54] 아비 부

[55] 고을 읍

[56] 작을 소

[57] 왼 좌

[58] 꽃 화

[59] 수풀 림

[60] 마을 리

[61] 글월 문

[62] 봄 춘

[문제 63-64] 다음 뜻에 맞는 漢字語한자어를 〈보기〉에서 찾아 그 번호를 쓰세요.

〈보기〉

① 活氣 ② 人口 ③ 祖上 ④ 有名

[63] 우리나라의 드라마는 세계적으로 <u>유명</u>합니다.

[64] 평소에는 조용한 친구인데 오늘따라 <u>활기</u>가 넘칩니다.

[문제 65-66] 다음 漢字한자의 상대 또는 반대되는 漢字한자를 〈보기〉에서 골라 그 번호를 쓰세요.

〈보기〉

① 出 ② 外 ③ 十 ④ 兄

[65] (   ) ↔ 入

[66] 弟 ↔ (   )

[문제 67-68] 다음 뜻에 맞는 漢字語한자어를 〈보기〉에서 찾아 그 번호를 쓰세요.

〈보기〉

① 安心　② 住民　③ 邑內　④ 歌手

[67] 일정한 곳에 살고 있는 사람.

[68] 걱정을 없애 버리고 마음을 편히 가짐.

[문제 69-70] 다음 漢字한자의 진하게 표시한 획은 몇 번째 쓰는지 〈보기〉에서 찾아 그 번호를 쓰세요.

〈보기〉

① 첫 번째　② 두 번째
③ 세 번째　④ 네 번째
⑤ 다섯 번째　⑥ 여섯 번째
⑦ 일곱 번째　⑧ 여덟 번째
⑨ 아홉 번째　⑩ 열 번째

[69]

[70]

8급 3회 한자능력검정시험 대비 문제지

50문항 | 50분 시험 | 시험 일자: 20   .   .

성명: _____ | 수험번호: _____

[문제 1-10] 다음 글의 ( ) 안에 있는 漢字한자의 讀音(독음: 읽는 소리)을 쓰세요.

〈보기〉 (音) → 음

[1] 나는 (木)

[2] 요(日)에

[3] (父)

[4] (母)님과

[5] (三)

[6] (寸)과 함께

[7] (兄)의

[8] (大)

[9] (學)

[10] (校) 졸업식에 갑니다.

[문제 11-20] 다음 訓(훈: 뜻)이나 音(음: 소리)에 알맞은 漢字한자를 〈보기〉에서 찾아 그 번호를 쓰세요.

〈보기〉

① 土   ② 外   ③ 八   ④ 南   ⑤ 白
⑥ 長   ⑦ 人   ⑧ 中   ⑨ 民   ⑩ 五

[11] 토

[12] 여덟

[13] 사람

[14] 백

[15] 남녘

[16] 길

[17] 바깥

[18] 오

[19] 가운데

[20] 백성

[문제 21-30] 다음 밑줄 친 말에 해당하는 漢字한자를 〈보기〉에서 찾아 그 번호를 쓰세요.

〈보기〉

① 弟 　② 水 　③ 六 　④ 王 　⑤ 月
⑥ 火 　⑦ 一 　⑧ 人 　⑨ 室 　⑩ 國

[21] 가족과 함께 <u>한</u> 해를 마무리하는 시간을 가졌습니다.

[22] <u>동생</u>이 내 과자를 다 먹어 버렸습니다.

[23] 나는 매일 화분에 <u>물</u>을 줍니다.

[24] 우리 집에서 내 <u>방</u>이 제일 큽니다.

[25] 매표소 앞에 이미 많은 <u>사람</u>들이 줄을 서고 있습니다.

[26] 도서관은 오후 <u>여섯</u> 시에 문을 닫습니다.

[27] 신하들은 <u>임금</u>의 총애를 받으려고 애를 썼습니다.

[28] 우리는 장작을 모아서 <u>불</u>을 지폈습니다.

[29] 각 <u>나라</u>별로 상징적인 국기가 있습니다.

[30] 밤이 되자 산 위로 둥근 <u>달</u>이 떴습니다.

[문제 31-40] 다음 漢字한자의 訓(훈: 뜻)과 音(음: 소리)을 쓰세요.

〈보기〉 字 → 글자 자

[31] 軍

[32] 九

[33] 韓

[34] 十

[35] 生

[36] 北

[37] 二

[38] 門

[39] 八

[40] 山

[문제 41-44] 다음 漢字한자의 訓(훈: 뜻)을 〈보기〉에서 찾아 그 번호를 쓰세요.

〈보기〉

① 일만　　② 동녘　　③ 넉　　④ 해

[41] 萬

[42] 四

[43] 東

[44] 年

[문제 45-48] 다음 漢字한자의 音(음: 소리)을 〈보기〉에서 찾아 그 번호를 쓰세요.

〈보기〉

① 칠　　② 서　　③ 교　　④ 금

[45] 西

[46] 七

[47] 金

[48] 敎

[문제 49-50] 다음 漢字한자의 진하게 표시한 획은 몇 번째 쓰는지 〈보기〉에서 찾아 그 번호를 쓰세요.

〈보기〉

① 첫 번째　　② 두 번째

③ 세 번째　　④ 네 번째

⑤ 다섯 번째　　⑥ 여섯 번째

⑦ 일곱 번째　　⑧ 여덟 번째

⑨ 아홉 번째　　⑩ 열 번째

[49]

[50]

7급 Ⅱ 3회 한자능력검정시험 대비 문제지

60문항 | 50분 시험 | 시험 일자: 20 . .

성명: _____ | 수험번호: _____

[문제 1-22] 다음 밑줄 친 漢字語_{한자어}의 音
(음: 소리)을 쓰세요.

〈보기〉漢字 → 한자

[1] 형은 결혼 후에 든든한 家長이 되었습니다.

[2] 라면에 海物을 넣어서 끓이면 맛있습니다.

[3] 춤 연습을 위해 空間을 빌렸습니다.

[4] 그녀는 미국으로 이민 가서 木工을 배우고 있습니다.

[5] 보통 새 學年이 시작될 때 반 편성을 새로 합니다.

[6] 친구는 학교 급식이 맛이 없다고 늘 不平 합니다.

[7] 첨성대는 신라 선덕 女王 때 지어졌습니다.

[8] 그는 홀어머니를 극진히 모시고 사는 孝子 이다.

[9] 한여름에는 너무 더워서 室內에 머무는 시 간이 많습니다.

[10] 할아버지께서 세뱃돈으로 十萬 원을 주 셨습니다.

[11] 우리는 오늘 午前 9시에 제주도로 출발 하는 비행기를 탑니다.

[12] 이 가방의 主人이 아직 나타나지 않았습 니다.

[13] 저기 보이는 파란 大門이 우리 집입니다.

[14] 수학 문제를 풀고 나서 答紙를 확인했습 니다.

[15] 더운 여름에는 電力 사용이 증가합니다.

[16] 스승의 날을 맞아 母校를 방문했습니다.

[17] 車道를 건널 때는 항상 조심해야 합니다.

[18] 종이 울리자 아이들이 日時에 교실 밖을 뛰쳐나갔습니다.

[19] 방이 좁지만 혼자서 生活하기에는 충분 합니다.

[20] 누나는 취직하고 나서 경제적으로 自立 했습니다.

[21] 명절이 다가오자 市場에는 사람으로 북 적거렸습니다.

[22] 지속되는 추위로 인해 漢江이 꽁꽁 얼었 습니다.

[문제 23-42] 다음 漢字한자의 訓(훈: 뜻)과 音(음: 소리)을 쓰세요.

〈보기〉音 ― 소리 음

[23] 國

[24] 七

[25] 名

[26] 食

[27] 世

[28] 南

[29] 火

[30] 足

[31] 土

[32] 中

[33] 姓

[34] 民

[35] 山

[36] 西

[37] 靑

[38] 兄

[39] 左

[40] 金

[41] 後

[42] 敎

[문제 43-44] 다음 밑줄 친 漢字語한자어를 〈보기〉에서 골라 그 번호를 쓰세요.

〈보기〉

① 人氣   ② 八方   ③ 日記   ④ 安全

[43] 수영을 할 때 무엇보다 안전이 가장 중요합니다.

[44] 내 친구는 못하는 것이 없는 팔방미인이다.

[문제 45-54] 다음 訓(훈: 뜻)과 音(음: 소리)에 맞는 漢字한자를 〈보기〉에서 골라 그 번호를 쓰세요.

〈보기〉

① 軍   ② 手   ③ 動   ④ 農   ⑤ 下
⑥ 學   ⑦ 右   ⑧ 寸   ⑨ 白   ⑩ 男

[45] 군사 군

[46] 아래 하

[47] 농사 농

[48] 손 수

[49] 배울 학

[50] 오른 우

[51] 마디 촌

[52] 흰 백

[53] 사내 남

[54] 움직일 동

[문제 55-56] 다음 漢字한자의 상대 또는 반대되는 漢字한자를 〈보기〉에서 골라 그 번호를 쓰세요.

〈보기〉

① 天　　② 白　　③ 月　　④ 王

[55] (　　) ↔ 地

[56] 日 ↔ (　　)

[문제 57-58] 다음 뜻에 맞는 漢字語한자어를 〈보기〉에서 찾아 그 번호를 쓰세요.

〈보기〉

① 正直　　② 記事　　③ 後記　　④ 直立

[57] 신문이나 잡지 등에서 사실을 알리는 글.

[58] 거짓이나 꾸밈 없이 바르고 곧음.

[문제 59-60] 다음 漢字한자의 진하게 표시한 획은 몇 번째 쓰는지 〈보기〉에서 찾아 그 번호를 쓰세요.

〈보기〉

① 첫 번째　　② 두 번째
③ 세 번째　　④ 네 번째
⑤ 다섯 번째　　⑥ 여섯 번째
⑦ 일곱 번째　　⑧ 여덟 번째
⑨ 아홉 번째　　⑩ 열 번째

[59]

[60]

7급 3회 한자능력검정시험 대비 문제지

70문항 | 50분 시험 | 시험 일자: 20 　. 　.

성명: _____ | 수험번호: _____

[문제 1-32] 다음 밑줄 친 漢字語한자어의 讀音(음: 소리)을 쓰세요.

〈보기〉漢字 → 한자

[1] 석이는 너무 피곤해서 <u>萬事</u> 제쳐 놓고 집에 갔습니다.

[2] 우리 집과 친구 집의 <u>中間</u>에서 만나기로 했습니다.

[3] 비빔밥과 콩나물 국밥은 전주의 <u>名物</u>입니다.

[4] <u>下車</u> 시에는 주변을 잘 살펴야 합니다.

[5] <u>正面</u>에 보이는 건물의 1층에 식당이 있습니다.

[6] <u>立春</u>이 지났는데도 날씨가 아직 춥습니다.

[7] 우리 <u>所重</u>한 문화재를 보호해야 합니다.

[8] 운동장에서 아이들이 큰 소리로 <u>校歌</u>를 부릅니다.

[9] 우리 마을의 <u>里長</u>은 젊은 청년이 맡았습니다.

[10] 내가 가장 <u>有力</u>한 전교 회장 후보입니다.

[11] 밥 먹은 <u>直後</u>에 바로 눕지 않는 것이 좋습니다.

[12] <u>人道</u>에서 자전거를 타면 위험합니다.

[13] 무성한 <u>水草</u>에 물고기들이 많이 서식합니다.

[14] <u>登記</u> 우편으로 중요한 서류를 보냈습니다.

[15] <u>邑內</u>에 있는 수영장은 항상 만원입니다.

[16] 평일인데도 <u>市外</u> 버스 터미널에 사람이 북적입니다.

[17] 안내 방송이 끝나자마자 <u>四方</u>에서 사람들이 몰려들었습니다.

[18] 이 책은 스승과 <u>弟子</u>가 함께 출간한 것입니다.

[19] 안개 낀 <u>海上</u>에 큰 선박이 지나갑니다.

[20] <u>農村</u>의 인구는 줄어들고 있습니다.

[21] 언니와 兄夫는 엄청 사이가 좋습니다.

[22] 칠월 七夕은 견우와 직녀가 만나는 날입니다.

[23] 사장님이 가끔 不時에 회의를 소집합니다.

[24] 우리 이웃 住民들은 모두 친절합니다.

[25] 청각장애인들은 手語를 사용합니다.

[26] 도둑이 들었다는 신고 전화를 받고 경찰들이 出動했습니다.

[27] 나는 고향에 집을 지으려고 土地를 샀습니다.

[28] 영어 듣기 시험은 每年 두 번 시행됩니다.

[29] 도서관 책 반납 기한이 來日까지 입니다.

[30] 용의자가 경찰에게 자신의 잘못을 自白했습니다.

[31] 갑자기 電氣가 나가서 밤에 숙제를 할 수가 없습니다.

[32] 엄마의 외투에 달려 있던 金色 단추가 떨어졌습니다.

[문제 33-52] 다음 漢字한자의 訓(훈: 뜻)과 音(음: 소리)을 쓰세요.

〈보기〉漢 → 한나라 한

[33] 工

[34] 世

[35] 小

[36] 主

[37] 全

[38] 文

[39] 林

[40] 答

[41] 算

[42] 祖

[43] 靑

[44] 洞

[45] 話

[46] 國

[47] 立

[48] 口

[49] 左

[50] 門

[51] 川

[52] 心

[문제 53-62] 다음 訓(훈: 뜻)과 音(음: 소리)에 맞는 漢字한자를 〈보기〉에서 골라 그 번호를 쓰세요.

〈보기〉

① 休　② 活　③ 然　④ 平　⑤ 江

⑥ 空　⑦ 秋　⑧ 家　⑨ 足　⑩ 天

[53] 하늘 천

[54] 평평할 평

[55] 그럴 연

[56] 살 활

[57] 쉴 휴

[58] 빌 공

[59] 가을 추

[60] 집 가

[61] 발 족

[62] 강 강

[문제 63-64] 다음 밑줄 친 漢字語한자어를 〈보기〉에서 찾아 그 번호를 쓰세요.

〈보기〉

① 山水　② 數字　③ 植木　④ 正午

[63] 내 휴대 전화의 암호는 일곱 자리 숫자로 되어 있습니다.

[64] 식목일을 맞이하여 가족끼리 나무 한 그루를 심기로 했습니다.

[문제 65-66] 다음 漢字한자의 상대 또는 반대되는 漢字한자를 〈보기〉에서 골라 그 번호를 쓰세요.

〈보기〉

① 少　② 父　③ 大　④ 冬

[65] (　　) ↔ 夏

[66] 老 ↔ (　　)

[문제 67-68] 다음 뜻에 맞는 漢字語_{한자어}를 〈보기〉에서 찾아 그 번호를 쓰세요.

〈보기〉

① 教育　② 便紙　③ 生命　④ 學校

[67] 사람, 동물, 식물 등이 살아 있는 상태.

[68] 지식이나 기술 및 인성 등을 가르치는 활동.

[문제 69-70] 다음 漢字_{한자}의 진하게 표시한 획은 몇 번째 쓰는지 〈보기〉에서 찾아 그 번호를 쓰세요.

〈보기〉

① 첫 번째　　② 두 번째

③ 세 번째　　④ 네 번째

⑤ 다섯 번째　⑥ 여섯 번째

⑦ 일곱 번째　⑧ 여덟 번째

⑨ 아홉 번째　⑩ 열 번째

[69]

[70]

연습 문제 정답

UNIT 01 연습 문제

1 ① 八 ② 萬 ③ 三 ④ 九

2 ① 五 ② 七 ③ 二 ④ 四 ⑤ 十 ⑥ 一

3 ① 두 이 ② 넉 사 ③ 여섯 륙 ④ 여덟 팔
⑤ 열 십 ⑥ 일백 백 ⑦ 일만 만 ⑧ 석 삼
⑨ 다섯 오 ⑩ 일곱 칠 ⑪ 아홉 구 ⑫ 한 일
⑬ 일천 천

4 ① 五 ② 七 ③ 六 ④ 四 ⑤ 十 ⑥ 千
⑦ 三 ⑧ 八 ⑨ 一 ⑩ 百

UNIT 02 연습 문제

1 ① 土 ② 金 ③ 火 ④ 月

2 ① 日 ② 白 ③ 色 ④ 水 ⑤ 靑

3 ① 달 월 ② 나무 목 ③ 빛 색 ④ 흙 토
⑤ 날 일 ⑥ 흰 백 ⑦ 푸를 청 ⑧ 물 수
⑨ 불 화 ⑩ 쇠 금/성 김

4 ① 金 ② 土 ③ 白 ④ 水 ⑤ 月 ⑥ 火
⑦ 靑 ⑧ 木 ⑨ 色 ⑩ 日

UNIT 03 연습 문제

1 ① 川 ② 草 ③ 電 ④ 自

2 ① 天 ② 山 ③ 花 ④ 地 ⑤ 林

3 ① 바다 해 ② 그럴 연 ③ 땅 지 ④ 수풀 림
⑤ 꽃 화 ⑥ 하늘 천 ⑦ 내 천 ⑧ 풀 초
⑨ 강 강 ⑩ 번개 전 ⑪ 스스로 자 ⑫ 메 산

4 ① 花 ② 山 ③ 草 ④ 海 ⑤ 電 ⑥ 天
⑦ 地 ⑧ 江 ⑨ 然 ⑩ 自

UNIT 04 연습 문제

1 ① 夕 ② 間 ③ 每 ④ 年

2 ① 여름 ② 가을 ③ 겨울 ④ 봄

3 ① 낮 오 ② 봄 춘 ③ 매양 매 ④ 가을 추
⑤ 사이 간 ⑥ 때 시 ⑦ 저녁 석 ⑧ 겨울 동
⑨ 여름 하 ⑩ 해 년

4 ① 時 ② 夏 ③ 冬 ④ 每 ⑤ 秋 ⑥ 午
⑦ 春 ⑧ 夕 ⑨ 年 ⑩ 間

UNIT 05 연습 문제

1 ① 孝 ② 同 ③ 女 ④ 氣

2 ① 祖父 ② 父母 ③ 兄弟 ④ 母女

3 ① 형 형 ② 집 가 ③ 어미 모 ④ 계집 녀
⑤ 아들 자 ⑥ 한가지 동 ⑦ 효도 효
⑧ 기운 기 ⑨ 할아비 조 ⑩ 아우 제
⑪ 아비 부 ⑫ 문 문 ⑬ 지아비 부 ⑭ 사내 남

4 ① 門 ② 子 ③ 女 ④ 母 ⑤ 祖 ⑥ 氣
⑦ 家 ⑧ 男 ⑨ 弟 ⑩ 夫

UNIT 06 연습 문제

1 ① 人 ② 力 ③ 老 ④ 少

2 ① 面 ② 手 ③ 足 ④ 口 ⑤ 心

3 ① 손 수 ② 목숨 명 ③ 입 구 ④ 이름 명
⑤ 적을 소 ⑥ 힘 력 ⑦ 낯 면 ⑧ 성 성
⑨ 늙을 로 ⑩ 발 족 ⑪ 마음 심 ⑫ 사람 인

4 ① 少 ② 命 ③ 老 ④ 手 ⑤ 心 ⑥ 口
⑦ 名 ⑧ 面 ⑨ 姓 ⑩ 足

UNIT 07 연습 문제

1 ① 問 ② 語 ③ 答 ④ 育

2 ① 校 ② 敎 ③ 字 ④ 學

3 ① 대답 답 ② 말씀 화 ③ 한수/한나라 한
④ 기를 육 ⑤ 배울 학 ⑥ 물을 문 ⑦ 셈 수
⑧ 말씀 어 ⑨ 셈 산 ⑩ 먼저 선 ⑪ 학교 교
⑫ 날 생 ⑬ 가르칠 교 ⑭ 글자 자

4 ① 先 ② 問 ③ 育 ④ 語 ⑤ 話 ⑥ 算
⑦ 漢 ⑧ 答 ⑨ 數 ⑩ 生

UNIT 08 연습 문제

1 ① 住 ② 食 ③ 記 ④ 立

2 ①, ③, ④, ②, ⑤

3 ① 기록할 기 ② 움직일 동 ③ 설 립
④ 올 래 ⑤ 날 출 ⑥ 밥/먹을 식 ⑦ 살 활
⑧ 살 주 ⑨ 들 입 ⑩ 오를 등 ⑪ 쉴 휴
⑫ 노래 가 ⑬ 심을 식 ⑭ 일 사

4 ① 休 ② 食 ③ 事 ④ 記 ⑤ 來 ⑥ 立
⑦ 出 ⑧ 住 ⑨ 入 ⑩ 活

UNIT 09 연습 문제

1 ① 中 ② 前 ③ 左 ④ 內

2 ① 北 ② 西 ③ 南 ④ 上 ⑤ 東 ⑥ 下

3 ① 모 방 ② 북녘 북/달아날 배 ③ 뒤 후
④ 가운데 중 ⑤ 남녘 남 ⑥ 바깥 외 ⑦ 앞 전
⑧ 서녘 서 ⑨ 안 내 ⑩ 윗 상 ⑪ 왼 좌
⑫ 아래 하 ⑬ 동녘 동 ⑭ 오른 우

4 ① 內 ② 後 ③ 前 ④ 東 ⑤ 上 ⑥ 右
⑦ 外 ⑧ 方 ⑨ 西 ⑩ 下

UNIT 10 연습 문제

1 ① 直 ② 正 ③ 不 ④ 安

2 ① 大 ② 小 ③ 長 ④ 重

3 ① 길 장 ② 편안 안 ③ 마디 촌 ④ 온전 전
⑤ 큰 대 ⑥ 아닐 불(부) ⑦ 작을 소 ⑧ 빌 공
⑨ 곧을 직 ⑩ 평평할 평 ⑪ 있을 유 ⑫ 무거
울 중 ⑬ 바를 정 ⑭ 편할 편/똥오줌 변

4 ① 寸 ② 安 ③ 平 ④ 空 ⑤ 便 ⑥ 大
⑦ 全 ⑧ 重 ⑨ 不 ⑩ 有

UNIT 11 연습 문제

1 ① 里 ② 所 ③ 室 ④ 洞

2 ① 市 ② 農 ③ 村 ④ 道 ⑤ 場

3 ① 농사 농 ② 저자 시 ③ 집 실 ④ 바 소
⑤ 골 동/밝을 통 ⑥ 마을 리 ⑦ 고을 읍
⑧ 마을 촌 ⑨ 길 도 ⑩ 마당 장

4 ① 里 ② 室 ③ 場 ④ 洞 ⑤ 市 ⑥ 道
⑦ 農 ⑧ 村 ⑨ 邑 ⑩ 所

UNIT 12 연습 문제

1 ① 物 ② 國 ③ 文 ④ 主

2 ① 王 ② 車 ③ 民 ④ 工

3 ① 장인 공 ② 군사 군 ③ 임금 왕
④ 한국/나라 한 ⑤ 수레 거/수레 차
⑥ 물건 물 ⑦ 인간 세 ⑧ 글월 문 ⑨ 백성 민
⑩ 종이 지 ⑪ 나라 국 ⑫ 기 기 ⑬ 주인/임금 주

4 ① 主 ② 工 ③ 國 ④ 世 ⑤ 韓 ⑥ 物
⑦ 軍 ⑧ 紙 ⑨ 車 ⑩ 旗

한자능력검정시험 대비 문제 정답

8급 1회

1 생 2 일 3 부 4 모 5 삼 6 촌 7 사 8 형 9 여 10 실 11 ① 12 ⑥ 13 ③ 14 ⑦ 15 ⑤ 16 ⑩ 17 ④ 18 ⑨ 19 ⑧ 20 ② 21 ② 22 ③ 23 ⑧ 24 ⑤ 25 ⑨ 26 ⑦ 27 ④ 28 ⑥ 29 ⑩ 30 ① 31 큰 대 32 여섯 륙 33 문 문 34 백성 민 35 먼저 선 36 메 산 37 여덟 팔 38 열 십 39 아우 제 40 두 이 41 ④ 42 ③ 43 ① 44 ② 45 ① 46 ② 47 ④ 48 ③ 49 ① 50 ⑥

7급Ⅱ 1회

1 선생 2 팔월 3 학년 4 오후 5 교실 6 일기 7 공중 8 성명 9 평일 10 전화 11 정직 12 불안 13 사방 14 전교 15 농가 16 수평 17 삼촌 18 시장 19 시간 20 남해 21 인사 22 한강 23 아우 제 24 스스로 자 25 학교 교 26 인간 세 27 작을 소 28 물건 물 29 편안 안 30 사내 남 31 대답 답 32 설 립 33 길 도 33 효도 효 34 힘 력 35 형 형 36 길 장 37 노래 가 38 서녘 서 39 흰 백 40 기록할 기 41 아래 하 42 날 생 43 ① 44 ④ 45 ② 46 ① 47 ⑤ 48 ⑥ 49 ⑨ 50 ③ 51 ⑦ 52 ④ 53 ⑧ 54 ⑩ 55 ① 56 ② 57 ③ 58 ④ 59 ⑤ 60 ⑥

7급 1회

1 부족 2 효도 3 식물 4 백지 5 휴일 6 공부 7 안심 8 입금 9 소중 10 입동 11 정답 12 가수 13 오만 14 공기 15 해군 16 인구 17 일출 18 국립 19 팔방 20 시내 21 부자 22 모녀 23 국어 24 유명 25 칠석 26 형제 27 학년 28 중간 29 매사 30 평생 31 명산 32 농촌 33 풀 초 34 기를 육 35 번개 전 36 빛 색 37 낮 면 38 수풀 림 39 봄 춘 40 글월 문 41 마을 리 42 성 성 43 적을 소 44 내 천 45 마당 장 46 일천 천 47 움직일 동 48 오른 우 49 기록할 기 50 안 내 51 남녘 남 52 수레 거/수레 차 53 ① 54 ⑧ 55 ⑤ 56 ④ 57 ⑨ 58 ③ 59 ⑦ 60 ⑥ 61 ⑩ 62 ② 63 ① 64 ④ 65 ③ 66 ① 67 ① 68 ④ 69 ⑤ 70 ⑧

8급 2회

1 오 2 월 3 십 4 선 5 생 6 일 7 학 8 교 9 실 10 인 11 ① 12 ④ 13 ② 14 ③ 15 ⑩ 16 ⑦ 17 ⑥ 18 ⑤ 19 ⑧ 20 ⑨ 21 ⑥ 22 ⑧ 23 ① 24 ⑦ 25 ② 26 ⑤ 27 ⑩ 28 ⑨ 29 ④ 30 ③ 31 큰 대 32 두 이 33 쇠 금/성 김 34 아홉 구 35 석 삼 36 메 산 37 여덟 팔 38 임금 왕 39 흰 백 40 형 형 41 ② 42 ① 43 ③ 44 ④ 45 ④ 46 ③ 47 ① 48 ② 49 ④ 50 ⑦

7급Ⅱ 2회

1 공장 2 오후 3 국민 4 생활 5 자동 6 안전 7 중간 8 교내 9 강산 10 삼촌 11 한식 12 해외 13 매일 14 여자 15 중립 16 전화 17 사방 18 형제 19 시장 20 오만 21 상공 22 기사 23 인간 세 24 서녘 서 25 임금 왕 26 한나라 한 27 왼 좌 28 효도 효 29 열 십 30 사내 남 31 대답 답 32 오른 우 33 여섯 륙 33 먼저 선 34 밥 식 35 어미 모 36 아닐 불 37 배울 학 38 농사 농 39 흰 백 40 손 수 41 아래하 42 앞 전 43 ④ 44 ② 45 ⑥ 46 ① 47 ④ 48 ② 49 ⑩ 50 ⑤ 51 ⑦ 52 ③ 53 ⑧ 54 ⑨ 55 ① 56 ④ 57 ③ 58 ② 59 ⑤ 60 ④

7급 2회

1 공사 2 전화 3 휴학 4 매년 5 동물 6 내일 7 국기 8 자연 9 주소 10 식후 11 교장 12 수천 13 만일 14 불편 15 답지 16 백성 17 시립 18 사촌 19 화산 20 남해 21 제부 22 세상 23 교육 24 선조 25 정오 26 생명 27 추석 28 공중 29 청색 30 시간 31 차도 32 직전 33 겨울 동 34 주인 주 35 여름 하 26 낮 면 37 풀 초 38 늙을 로 39 아홉 구 40 기록할 기 41 사내 남 42 적을 소 43 내 천 44 마당 장 45 심을 식 46 강 강 47 오른 우 48 말씀 어 49 문 문 50 온전 전 51 힘 력 52 평평할 평 53 ⑥ 54 ① 55 ④ 56 ② 57 ③ 58 ⑤ 59 ⑨ 60 ⑦ 61 ⑧ 62 ⑩ 63 ④ 64 ① 65 ① 66 ④ 67 ② 68 ① 69 ⑤ 70 ⑨

한자능력검정시험 대비 문제 정답

8급 3회

1 목 2 일 3 부 4 모 5 삼 6 촌 7 형 8 대 9 학 10 교 11 ① 12 ③ 13 ⑦ 14 ⑤ 15 ④ 16 ⑥ 17 ② 18 ⑩ 19 ⑧ 20 ⑨ 21 ⑦ 22 ① 23 ② 24 ⑨ 25 ⑧ 26 ③ 27 ④ 28 ⑥ 29 ⑩ 30 ⑤ 31 군사 군 32 아홉 구 33 나라 한 34 열 십 35 날 생 36 북녘 북 37 두 이 38 문 문 39 여 덟 팔 40 메 산 41 ① 42 ③ 43 ② 44 ④ 45 ② 46 ① 47 ④ 48 ③ 49 ② 50 ⑤

7급Ⅱ 3회

1 가장 2 해물 3 공간 4 목공 5 학년 6 불평 7 여왕 8 효자 9 실내 10 십만 11 오전 12 주 인 13 대문 14 답지 15 전력 16 모교 17 차 도 18 일시 19 생활 20 자립 21 시장 22 한 강 23 나라 국 24 일곱 칠 25 이름 명 26 밥 식 27 인간 세 28 남녘 남 29 불 화 30 발 족 31 흙 토 32 가운데 중 33 성 성 34 백성 민 35 메 산 36 서녘 서 37 푸를 청 38 형 형 39 왼 좌 40 쇠 금/성 김 41 뒤 후 42 가르 칠 교 43 ④ 44 ② 45 ① 46 ⑤ 47 ④ 48 ② 49 ⑥ 50 ⑦ 51 ⑧ 52 ⑨ 53 ⑩ 54 ③ 55 ① 56 ③ 57 ② 58 ① 59 ⑦ 60 ③

7급 3회

1 만사 2 중간 3 명물 4 하차 5 정면 6 입춘 7 소중 8 교가 9 이장 10 유력 11 직후 12 인 도 13 수초 14 등기 15 읍내 16 시외 17 사 방 18 제자 19 해상 20 농촌 21 형부 22 칠석 23 불시 24 주민 25 수어 26 출동 27 토지 28 매년 29 내일 30 자백 31 전기 32 금색 33 장인 공 34 인간 세 35 작을 소 36 주인 주 37 온전 전 38 글월 문 39 수풀 림 40 대 답 답 41 셈 산 42 조상 조 43 푸를 청 44 골 동/밝을 통 45 말씀 화 46 나라 국 47 설 립 48 입 구 49 왼 좌 50 문 문 51 내 천 52 마 음 심 53 ⑩ 54 ④ 55 ③ 56 ② 57 ① 58 ⑥ 59 ⑦ 60 ⑧ 61 ⑨ 62 ⑤ 63 ② 64 ③ 65 ④ 66 ① 67 ③ 68 ① 69 ⑥ 70 ⑧